Filosofia

O PARADOXO DE APRENDER E ENSINAR

CB051534

Coleção Ensino de Filosofia

Walter Omar Kohan

Filosofia
O paradoxo de aprender e ensinar

Tradução
Ingrid Müller Xavier

autêntica

Copyright © 2008 Walter Omar Kohan

TÍTULO ORIGINAL
Filosofia. La paradoja de aprender y enseñar. Libros del Zorzal, 2008.
Prêmio: Mención de honor en el Área educación, 2008.
Fundación del Libro, Buenos Aires, Argentina.

TRADUÇÃO
Ingrid Müller Xavier

PROJETO GRÁFICO DE CAPA
Diogo Droschi

EDITORAÇÃO ELETRÔNICA
Luiz Flávio Pedrosa

REVISÃO
Vera Lúcia De Simoni Castro

EDITORA RESPONSÁVEL
Rejane Dias

Revisado conforme o Novo Acordo Ortográfico.

Todos os direitos reservados pela Autêntica Editora. Nenhuma parte desta
publicação poderá ser reproduzida, seja por meios mecânicos, eletrônicos,
seja via cópia xerográfica, sem a autorização prévia da Editora.

AUTÊNTICA EDITORA LTDA.
Rua Aimorés, 981, 8º andar. Funcionários
30140-071 . Belo Horizonte . MG
Tel.: (55 31) 3222 68 19
TELEVENDAS: 0800 283 13 22
www.autenticaeditora.com.br

Dados Internacionais de Catalogação na Publicação (CIP)
(Câmara Brasileira do Livro, SP, Brasil)

Kohan, Walter Omar
    Filosofia : o paradoxo de aprender e ensinar / Walter Omar Kohan; [tra-
dução de Ingrid Müller Xavier]. – Belo Horizonte : Autêntica Editora, 2009.
– (Coleção Ensino de Filosofia).

    Título original: Filosofia. La paradoja de aprender y enseñar
    Bibliografia
    ISBN 978-85-7526-394-5

1. Filosofia - Estudo e ensino 2. Professores de Filosofia - formação profis-
sional I. Título.

09-03785   CDD-107

Índices para catálogo sistemático:
1. Filosofia : Estudo e ensino 107

Falando de modo geral, os livros de filosofia começam todos no mesmo dia: no dia seguinte à morte de Sócrates. É difícil calcular o tempo transcorrido entre a morte de Sócrates e a redação do primeiro diálogo de Platão, lugar de nascimento da filosofia; mas, quando Platão converte Sócrates em protagonista desse primeiro diálogo escrito, ele assinala que aquele livro, lugar de nascimento da filosofia, já tinha sido iniciado antes mesmo de começar a ser escrito, quando Sócrates ainda estava vivo ou acabava de morrer. (PARDO, 2004, p. 13)

Sumário

Apresentação de uma ideia 9

INTRODUÇÃO
Ensinar filosofia, necessidade impossível 13

I. O ENIGMA-PARADOXO DE SÓCRATES 19
A filosofia e sua relação com o saber. 19
Como nasce o filosofar. 28
Aprender sem mestre. 31
Um modo de vida. 36
Que ensina Sócrates a um professor de filosofia? 38
Uma política que não faz política. 41
Leitura (M. Foucault). 43

II. A POLÍTICA DE SÓCRATES E
    A IGUALDADE DAS INTELIGÊNCIAS 47
E os diálogos aporéticos? 49
O caso do *Eutífron*. 52
Outros casos 60
Políticas do pensamento. 62
Leitura (J. Rancière). 64

III. O ENIGMA-PARADOXO DE APRENDER E ENSINAR FILOSOFIA 67

a. A autonomia necessária e impossível 70
b. Transmitir o intransmissível 75
c. Saber ou ignorar? 77
d. O método e sua ausência 79
e. Dentro e fora dos muros 81
f. Transformar e descolonizar 83
Leitura (J. Derrida) 86

REFERÊNCIAS 93

Apresentação de uma ideia

Este livro se propõe a apresentar uma ideia. Talvez soe demasiado ambicioso, mas pense o leitor que se trata apenas de *uma* ideia. Já que é o que importa, vamos diretamente a ela. A ideia tem duas partes ou dimensões. A primeira diz que pôr em prática a filosofia com pretensões educativas, isto é, o encontro sob o nome de filosofia entre dois pensamentos – um de quem ocupa a posição de ensinante e outro do que habita o espaço de aprendiz – é um encontro necessariamente paradoxal, impossível, quando merece esse nome "filosofia". A segunda sustenta que essa condição, longe de ser um impedimento ou um desestímulo para sua prática, é sua potência e uma fonte de inspiração permanente para pensar o sentido da presença da filosofia na prática educacional. Quando não percebemos essa dimensão paradoxal ou impossível da filosofia, quando damos por fato que ela deve e pode ser ensinada, estamos deixando algo muito próprio de sua condição e, com isso, uma força para a própria tarefa. Ou, então, corremos o risco de abandonar, sem pensar, a filosofia. Um dos propósitos principais desta escritura é deixar pensando o leitor nessa necessidade impossível e o que pode abrir-se a partir dela.

Uma ideia sempre está acompanhada de condições, pressupostos, ambientes, significados e interesses de índole muito diversa. Aqui nos preocuparemos em apresentar alguns deles que, nos parece, podem dar mais força e pertinência à ideia em questão. Este texto não é animado por nenhuma pretensão de originalidade outra que a de constituir-se em um interlocutor interessante para as inquietudes daqueles que têm de se haver de alguma forma com a aprendizagem e o ensino da filosofia ou, para dizê-lo de maneira mais extensiva, com uma educação filosófica, na América Latina, região periférica, em permanente crise educacional – e não apenas – no início daquilo que alguns insistem em chamar de terceiro milênio. Se essa ideia vier a ser uma companheira de pensamento para aqueles que trabalham com a educação sob as duras condições de nossa região e ainda pensam que "as coisas podem ser de outra maneira", sentiríamos uma espécie de orgulho e um privilégio.

Uma ideia pode mostrar-se de muitas maneiras. A que estamos propondo também. Outra maneira de fazê-lo seria a seguinte: na relação entre ensinante e aprendiz de filosofia, há tensões que não podem ser evitadas, políticas, éticas, epistemológicas, estéticas. É preciso não desconhecer essas tensões para poder pensar com base nelas um espaço interessante em que se possa aprender e ensinar filosofia com a maior intensidade e liberdade possíveis. Em outras palavras, não há como evitar essas tensões – mesmo nas propostas mais "democráticas", nas que se fala em "ensinar a pensar" ou em "aprender a aprender", há sempre forças, espaços, potências do pensamento em colisão para que haja filosofia – e pensá-las é uma exigência para um educador interessado em propiciar espaços de pensamento potentes, livres e abertos à transformação de si e dos outros.

Sejamos ainda mais explícitos: quem ensina filosofia dispõe um espaço no pensamento – um campo para pensar – a quem aprende; para fazê-lo, supõe certa concepção do aprender, do ensinar e da relação entre ambos. Ao mesmo tempo, assim como ensinar e aprender são atividades ou formas do pensamento, essas concepções estão também acompanhadas de uma imagem do que significa pensar; portanto, há ali uma circularidade entre o pensar, por um lado, e o ensinar e aprender, por outro; a forma de desenhar esse círculo abre caminhos e, ao mesmo tempo, fecha outros, favorece certas intensidades e também obstrui outras; desencadeia um complexo jogo de forças no pensamento; afirma um modo de exercer o poder de e para pensar. É um círculo da liberdade ou do controle e a disciplina, do cuidado ou sua ausência; da vida ou da morte, da emancipação ou do embrutecimento. A ideia que nos interessa apresentar é que em nenhum caso é um círculo de apenas um desses polos; que a tensão entre eles é condição e possibilidade da filosofia. Há sempre um pouco de vida e um pouco de morte quando se ensina filosofia, algo de liberdade e de controle, de cuidado e sua ausência, de emancipação e embrutecimento.

Interessa-nos dar alguma atenção a essa condição tensionante da filosofia e seu ensino para poder fortalecer as forças e potências que habitam o pensamento daqueles que aprendem e ensinam (filosofia). Nesse sentido, importa-nos afirmar uma política do pensamento que ajude a potenciar a uns e a outros. Entenda-se bem: não se trata de preocupar se com as ideias políticas de um professor e seus alunos, o que eles pensam acerca da política nem de propor um programa político para ensinar filosofia. Do que se trata aqui é de pensar o jogo político que um professor propõe a seus alunos para jogar no campo do pensamento sob o nome de filosofia. A hipótese aqui sustentada é que um paradoxo ou uma tensão que não se pode esquivar forma parte desse campo. Esse paradoxo, longe de limitar a filosofia e a educação, é sua vida mesma.

Pensamos que a ideia proposta neste livro atravessa as diversas especificidades do ensino da filosofia. Estamos colocando as condições da filosofia em um nível de generalidade que abarca as distintas idades de seus atores ou os diversos níveis de ensino, bem como suas múltiplas modalidades. Isso significa que pode tratar-se da filosofia para crianças, jovens ou adultos, em escolas ou universidades, em instituições oficiais ou em outras, com métodos de ensino mais ou menos referenciados na história canônica da filosofia; pautada no desenvolvimento de habilidades ou na transmissão de conteúdos; dispostas por eixos temáticos ou por problemas; com uso de bibliografia primária ou secundária: de textos de filósofos, de manuais, de historietas, de filmes, fotografias, e inclusive de situações da vida cotidiana. Não importa. O problema que estamos colocando neste livro atravessa os distintos modos de ensinar filosofia, porque tem mais a ver, sobretudo, com o para que ensinar filosofia, na medida em que abre a questão do valor, a finalidade e o sentido de fazê-lo.

Toda ideia tem também interlocutores. Neste caso, privilegiamos alguns e optamos por oferecer textos que nos foram inspiradores. Nesse sentido, no final de cada um dos três capítulos, há um texto de um dos três interlocutores (Foucault, Rancière, Derrida) mais marcantes dessa ideia. Como o leitor apreciará, são textos que, mais que defender, tensionam a ideia aqui presente e, nessa mesma medida, a fortalecem, pois, se a tese deste livro é plausível, para escrever e pensar o ensino da filosofia, não é possível escapar desse paradoxo constitutivo.

Certamente, até agora, apenas apresentamos uma ideia. A seguir, tentaremos desdobrá-la, explorá-la, justificá-la. O leitor julgará sua pertinência para pensar-se a si próprio.

INTRODUÇÃO

Ensinar filosofia, necessidade impossível

O enigma-paradoxo é tão antigo quanto a própria filosofia. J. Derrida escreve um livro (1980) valendo-se de um cartão postal que encontrou na Biblioteca *Bodleiana* de Oxford. O cartão mostra Sócrates sentado, agachado, escrevendo, e Platão atrás, menor, com o dedo indicador para cima. O cartão faz Derrida delirar, parece-lhe ter encontrado nele o que sempre buscou: "O camarada Sócrates foi o primeiro secretário do partido platonista" (p. 14). No cartão, Platão, magistral, ditatorial, mostra o caminho, dá uma ordem a seu escriba (p. 13-14). Por sua vez, ao escrever, ócrates dá as costas a Platão. O cartão consuma o sonho de Platão: fazer com que Sócrates escreva, ser o pai de seu pai. Derrida se pergunta: que escreve Sócrates? A quem? "É ainda o enigma absoluto, esses dois" (p. 56).

Sócrates e Platão são, efetivamente, dois nomes, uma dupla, para esse enigma-paradoxo absoluto da filosofia e sua transmissão, da relação que se estabelece, a cada vez, entre o pensamento de quem exerce o papel de ensinante e quem ocupa o lugar de aprendiz. São os enigmas-paradoxo da identidade e da diferença, da presença e da ausência, da liberdade e da determinação. É também o enigma-paradoxo de uma palavra – a do mestre – que se nega a sair da oralidade e a quem lemos na escritura de um discípulo lucidamente desobediente. Mas é também o enigma-paradoxo da palavra do mestre escrita na forma mais fortemente potenciadora do pensamento, mais aberta à percepção do próprio enigma: conversas nas quais o mestre também ocupa um lugar igualmente enigmático e paradoxal, e o nome do discípulo só se faz presente para dar conta de sua ausência.

Sócrates é, nesse sentido, um momento inicial e também um limite para todo aquele que ocupa o espaço da transmissão ou do ensino de filosofia. É um duplo impossível, algo assim como um arquétipo que se apresenta a cada vez que um professor de filosofia problematiza o sentido e as condições de sua tarefa. Desafortunadamente, já não há como haver-se diretamente com Sócrates. Há que buscá-lo onde já não está, onde sua figura assume as máscaras dos personagens que Platão lhe quis dar. Esse é também o paradoxo de Sócrates e, com ele, a de todo professor de filosofia: ajudar a ver sem mostrar-se; expor-se se escondendo; ensinar a dizer uma palavra que não se deixa ler, aparecer onde já não se está mais ou já não se é mais que a forma de algum outro. *Atópico*, sem lugar, como uma e outra vez o Sócrates de Platão caracteriza-se a si mesmo (*Banquete,* 221d; *Fedro,* 230c; *Górgias,* 494d), e não apenas Sócrates, mas todo professor de filosofia.

Sim, há que dizer o "Sócrates *de* Platão", porque é uma relação de parentesco, de pertença e de localidade. Porque é uma invenção que gera uma nova identidade, um terceiro situado, localizado, aparentado com seus genitores e, contudo, outro, diferente, inalcançável: que cria um mito submetido a uma interpretação infinita.

Em todo caso, há que buscar a Sócrates onde já não está, em *diálogos* que não são diálogos. Ali o encontramos. São muitos, tantos, quase infinitos, os "Sócrates" que habitam essas conversas... A imagem que Platão oferece é tão claramente múltipla, cheia de tantas tensões, que é até difícil entender as tentativas de sistematizar a figura de Sócrates em uma doutrina, um método, um pensamento. A questão é radicalmente crucial para a filosofia – que não pode tratarse de buscar só o que "verdadeiramente" pensou Sócrates, ou o que efetivamente pensou um personagem histórico –, mas de encontrar as condições que forjam um nascimento não só temporal, mas lógico, constitutivo da filosofia e seu ensino. Algo que a acompanha ali onde ela se exerce. Para o tema que nos ocupa, essas condições aparecem mais especificamente desdobradas em pelo menos três campos ou dimensões: a política, a educação e a própria filosofia. Em outras palavras, a figura de Sócrates nos *diálogos* testemunha, nessas três dimensões, o enigma-paradoxo de ensinar filosofia.

No campo da política, Sócrates afirma, ao mesmo tempo, que é o único ateniense a praticar a verdadeira política (*Górgias*, 521d) e que acertou ao dar ouvidos à voz demoníaca que lhe recomendava não praticar a política, porque se a tivesse exercido teria morrido muito antes (*Apologia de Sócrates*, 31c-e). Desta maneira, poderíamos formular essa primeira dimensão do paradoxo assim: a prática da verdadeira política exige que Sócrates não pratique a política que de fato se pratica na *pólis*. O professor de filosofia só pode ser um político verdadeiro – de fato, o único verdadeiro político – praticando outra política que aquela praticada na *pólis*.

No campo educacional, Sócrates sustenta, com muito poucas páginas de diferença em um mesmo texto, que jamais foi mestre de ninguém (*Apologia de Sócrates*, 33a) e que, se o condenarem à morte, aqueles que aprendem com ele continuarão fazendo o que ele faz (*Apologia de Sócrates*,

39c-d).[1] Segunda forma, então, do paradoxo: Sócrates renuncia à posição de mestre e, contudo, de sua posição, surgem aprendizes, discípulos. Em outras palavras, Sócrates exerce outro tipo de maestria que a habitual e renuncia a ocupar o lugar de mestre. E, não obstante, outros aprendem desse lugar. O professor de filosofia afirma que não é um professor e, no entanto, deve reconhecer que seus alunos aprendem com ele.

Finalmente, no terreno da filosofia que ele mesmo inaugura, Sócrates afirma simultaneamente que seu saber é de pouco ou nenhum valor e que essa relação com o saber o constitui como o mais sábio de todos os homens (*Apologia de Sócrates*, 20d-24b).[2] Terceira forma, então, do enigma-paradoxo: não saber o faz o mais sábio; mais ainda, é da sua particular relação com o saber, e da missão divina, que Sócrates dela depreendeu, que dá origem, em seu relato, ao mal-estar social e político que resultou em seu julgamento e condenação. E haveria uma dimensão mais existencial do enigma-paradoxo: o que a Sócrates lhe dá vida, a filosofia, dá-lhe também a morte; ou, a filosofia, para viver, precisa do que a leva à sua própria morte. Assim, em um sentido, o professor de filosofia é o mais sábio por ser o único que sabe que não sabe; e, em outro, o é por não saber que sabe. E seu saber é um saber de vida e de morte: sabe que só pode viver um tipo de vida que o leva a um tipo de morte.

Ainda que o próprio Sócrates tente explicar, de maneira mais ou menos convincente, essas formas do paradoxo, sua radicalidade o excede de tal maneira que parece estar

---

[1] Este paradoxo se exibe também de maneira muito forte na descrição da própria arte no *Teeteto* 150b ss. (em particular 150d: "[...] que de mim nada jamais aprenderam").

[2] Na interpretação que Sócrates faz do oráculo: "Entre vós, homens, o mais sábio é aquele que, como Sócrates, se reconhece desprovido de qualquer valor em relação ao saber" (*Apol.*, 23b).

colocando condições que vão além de seu tempo e espaço. De tal maneira o excedem essas condições, que estabelece em sua fundação que os filósofos tiveram que haver-se com ele para encontrar o próprio ponto de partida, como se Sócrates não só instaurasse uma filosofia, mas também a possibilidade mesma de filosofar através de alguma forma de interlocução com sua figura. Em certa medida, como sustentou M. Foucault, um encontro com Sócrates é algo assim como a pedra de toque não só de toda filosofia, mas de todo professor de filosofia.[3] Ou, como diz José Luis Pardo, na epígrafe deste livro, a morte de Sócrates marca a possibilidade da escritura em filosofia, e a vida de Sócrates, o nascimento mesmo da filosofia e seu ensino. Graças à sua força para pensar a condição e os desafios do ensino da filosofia, vamos dar-lhe algo mais de atenção no próximo capítulo.

---

[3] Foucault diz, no seu curso de 22 de fevereiro de 1984: "Bem desta vez sim, prometido, terminei com Sócrates. É necessário uma vez, ao menos uma vez, [como] professor de filosofia ter dado um curso sobre Sócrates e a morte de Sócrates" ("*Voilà, bon alors cette fois, promis, j'ai terminé avec Socrate. Il faut bien une fois au moins une fois dans la vie [comme] professeur de philosophie avoir fait un cours sur Socrate et la mort de Socrate*" [FOUCAULT, 1984, p. 49]).

CAPÍTULO I

O enigma-paradoxo de Sócrates

A filosofia e sua relação com o saber

Um leitor poderia pensar "mas, outra vez um livro começando por Sócrates?". Sim, outra vez Sócrates, diríamos. Por várias razões. Porque o nascimento da filosofia gestado por Sócrates excede seu tempo e nos diz respeito; porque, quando se trata de pensar, da repetição pode surgir a diferença; e, se o leitor for um professor de filosofia, também diríamos porque Sócrates ajuda a pensar a impossibilidade ou a inconveniência de separar o filósofo do professor. Além do mais, diremos que, ainda que este capítulo esteja centrado em Sócrates, não o está em uma figura histórica, mas no que essa figura nos ajuda a pensar, a nós que damos voltas em torno da filosofia, sua aprendizagem e seu ensino.

De modo mais preciso, se a filosofia e seu ensino nascem com a vida de Sócrates, a escritura da filosofia, sua transmissão, nasce com o relato que termina com sua condenação à morte na *Apologia de Sócrates*. Ali, Sócrates afirma para si um lugar de exterioridade ante os modos de poder e saber próprios dos tribunais. É o mesmo lugar pelo qual transitou sempre: um não lugar, uma *atopia*. Consigo, Sócrates leva a filosofia, seu ensino e os que com ele aprendem. Todos eles são igualmente atópicos: não têm lugar na *pólis*. A condenação à morte de Sócrates é uma consequência do lugar que, na sua defesa, ele se atribui. A condenação à filosofia é uma consequência lógica da identificação que Sócrates opera entre sua vida e uma vida filosófica. Vejamos com algum detalhe esse movimento.

O seu não lugar na *pólis* começa a ser delineado desde o terreno preparado por Sócrates para se defender. Após Meleto apresentar a acusação, Sócrates – no início de sua defesa, não querendo ser assimilado àqueles que, diante do tribunal, são hábeis na retórica – diz que não falará como eles: sua língua será outra. E, como aos setenta anos comparece ao tribunal pela primeira vez, pede licença para falar a língua em que foi educado, uma língua infantil. Deste modo, Sócrates falará em sua defesa como uma criança, improvisando, tateando, como um estrangeiro fora de sua terra. No tribunal, a verdade, diz Sócrates, virá de um estrangeiro infantil, uma figura duplamente exterior à *pólis*. O professor de filosofia não quer falar a língua oficial da *pólis*. Sabe fazê-lo, a entende, a qualifica, a julga. Mas não aceita jogar seu jogo.

Onde se legitima essa verdade infantil e estrangeira da que se diz portador Sócrates? No oráculo de Delfos, instituição sagrada dos gregos. Quer se trate de uma anedota verídica, quer se trate de uma invenção de Platão, isso pouco afeta o dispositivo que ela permite nascer. O caso é que Sócrates a apresenta para justificar as acusações que lhe são feitas. A narração diz que um amigo de Sócrates, Querefonte, foi perguntar ao oráculo se havia alguém mais sábio que Sócrates em Atenas. O oráculo contesta que não. Sócrates se mostra perplexo: sustenta que, se por um lado o oráculo não pode mentir, por outro não está claro o que quer dizer, já que não se considera portador de qualquer saber digno de tal juízo. É interessante que Sócrates se mostra surpreso com a resposta do oráculo, mas não com a pergunta de seu amigo. Porque, se a resposta do oráculo parece insólita, o é porque, antes de mais nada, a pergunta é disparatada. Enfim, são coisas de Platão. É verdade que o modo como Sócrates é retratado contribui já para pintá-lo um pouco acima de todos os outros, mas também é certo que tira verossimilitude à sua surpresa ante a resposta da pitonisa. Em todo caso, Sócrates diz que essa sentença oracular o levou a empreender uma busca que desse algum sentido ao que foi dito pelo oráculo.

Nesse gesto começa a tarefa não só de um filósofo, mas de um professor de filosofia. O que Sócrates empreende é uma busca de sentido, e o modo de realizá-la é a interrogação de si e dos outros. Para além do caráter ficcional da anedota, ela mostra algo interessante: Sócrates não é um professor de filosofia que vai ensinar aos outros algo que não sabem; na verdade, é a própria busca que dá forma a uma prática que faz de Sócrates – e quando seus encontros são mais interessantes, também dos outros – algo que ele não era no início.

O lugar sobre o qual Sócrates sustenta sua condição de homem mais sábio não carece de riscos: é certo que aqueles que o situaram primeiro em um contexto religioso são os acusadores, mas o fato é que Sócrates aceita esse terreno e o reforça buscando que jogue a seu favor. Em todo caso, Sócrates deixa ver certa atitude irreverente, não só pelo conteúdo da sentença oracular, mas pela atitude com que empreende a busca: com efeito, começa por um homem dos que têm mais fama de sábio, para "em certo modo, confutar o oráculo" (*Apologia de Sócrates*, 21c).

De modo que, ainda diante do oráculo, Sócrates marca uma das dimensões principais de sua prática: confutar os ditos que não podem ser aceitos tal como são enunciados. De certo modo, Sócrates ressitua sua relação com o oráculo que lhe serve de instância legitimadora: também sobre ele descarregará suas palavras. Com os homens será igual.

Vejamos com algum detalhe como é a busca de Sócrates, pelos ecos que pode ter para pensar a filosofia e seu ensino. Sócrates se encontra com interlocutores distintos. Primeiro, os políticos (*Apologia de Sócrates,* 21b-e), depois os poetas (21e-22c) e finalmente os trabalhadores manuais (22c-e). O primeiro interlocutor é um político que parece sábio para os outros e, sobretudo para si mesmo, mas não o é, segundo conclui Sócrates depois de dialogar com ele. E afirma que, ao tentar demonstrar que não o é, ganha seu ódio e o dos presentes. Por isso, diz Sócrates:

> É provável que nenhum de nós saiba algo de valor, mas este crê saber e não sabe, enquanto que eu, que efetivamente não sei, tampouco creio [saber]. Parece, pois, que em um pequeno ponto sou mais sábio que ele: o que não sei tampouco creio saber. (*Apologia de Sócrates,* 21d)

O que diferencia Sócrates dos outros homens é uma negatividade: não crer saber. Em seguida, continua interrogando mais políticos, e o resultado é sempre o mesmo. Quanto mais reputados, menos dotados, enquanto os menos favorecidos estão mais próximos de ser sensatos. Depois chega a vez dos poetas, que não podem dar conta das próprias obras. Suas criações não se devem a seu saber, mas a dotes naturais e inspiração. Dizem muitas coisas bonitas, mas não sabem por que as dizem. Como poetas, creem-se os mais sábios de todos, mas não o são; motivo pelo qual Sócrates se crê mais sábio do que eles. Finalmente, é a vez dos trabalhadores manuais. À medida que Sócrates vai descendo na escala social, os saberes que encontra se mostram mais sólidos. À diferença dos anteriores, os trabalhadores manuais efetivamente sabem algo que Sócrates não sabe. Mas seu problema é que, ao não reconhecerem seus limites, querem aplicar esse saber a coisas mais importantes e aí atrapalham tudo. Assim, Sócrates também considera preferível sua relação com o saber ao saber e a ignorância dos trabalhadores manuais.

Deste modo, a investigação empreendida por Sócrates confirma o oráculo: ele é efetivamente o ateniense mais sábio porque é o único que sabe da própria ignorância. Sócrates interpreta o oráculo assim: ao dizer que ele é o mais sábio, o aponta como um exemplo, modelo ou paradigma de que, entre os seres humanos, o mais sábio é aquele que, como Sócrates, reconhece que ninguém é valioso, verdadeiramente, em relação ao saber (*Apologia de Sócrates,* 23b).

Pode ser interessante pensar nesses três rivais que Sócrates e Platão escolheram para confrontar a filosofia: a política, a poesia e a técnica, para além das razões episódicas que os justificariam, por se tratarem de três grupos sociais enfrentados com Sócrates e representados no julgamento pelos seus três acusadores, Ânito, Meleto e Licão.

Esses três grupos são também três potenciais rivais do professor de filosofia. Estão na escola e também fora dela. Mas, e talvez este aspecto seja ainda mais interessante, são também três possibilidades dentro do caminho que o próprio professor de filosofia pode estar tentado a seguir. A política é a possibilidade de ver no ensino da filosofia uma projeção social concreta e acabada, uma produtividade comprometida com a transformação do estado de coisas; é a extensão de um sentido, utilidade ou produto tangível em sociedades feridas de injustiças como as nossas; a política é o duplo da filosofia na *pólis,* e tornar-se um político é a primeira tentação de um professor de filosofia; a poesia é a própria dimensão estética da filosofia, a que mais especificamente a aproxima da arte, do desinteresse e do sublime; é a consumação da palavra na própria palavra; a poesia é o duplo da filosofia na linguagem; tornar-se um poeta é a tentação última de um professor de filosofia. Finalmente, a técnica é a sedução de um método que torne a filosofia produtiva, eficaz, desde a própria didática até uma finalidade ditada pelo mercado, pela ciência ou desde qualquer outro marco externo; é o predomínio de uma ordem que pretende regular-se a si mesma e, em particular, ao próprio pensamento; a técnica é o duplo instrumental da filosofia, e converter-se em um técnico é a tentação persistente de um professor de filosofia.

Sócrates é um exemplo de resistência a esses embates externos e tentações internas. É a afirmação de um lugar desde onde problematizar os saberes com os quais a filosofia se encontra. O lugar que ele define para a filosofia é, significativamente, o de uma relação com o saber e seu duplo, a ignorância. Com efeito, Sócrates não concebe a filosofia como um saber, mas como uma relação com o saber, com base na qual qual uma série de práticas podem desenvolver-se. A filosofia é, para Sócrates, algo assim como uma condição para poder desdobrar certo caminho no saber.

É possível afirmar, então, que o mito da ignorância de Sócrates é também o mito da filosofia e dos que a ensinam, na medida em que Sócrates assimila seu modo de vida ao de "todos os que filosofam" (*Apologia de Sócrates,* 23d). O "todos" é interessante porque revela que, apesar de se considerar o mais sábio, Sócrates está longe de se considerar o único a fazer o que faz. Também o é o uso do particípio, um adjetivo verbal, na medida em que concebe o filosofar como um atributo em exercício por alguns. Assim, a filosofia não nasce como um saber, mas como uma forma de exercer, na prática, na vida, certa relação com o saber.

O legado para a filosofia desse mito não é menor. Digamo-lo com outras palavras: Sócrates a faz nascer de um saber divino – contra o qual depois se volta – e, ao mesmo tempo, não lhe dá o solo firme de um saber de certeza, mas, sobretudo, associa-a a uma relação com o saber ou, melhor ainda, com o contrário do saber, com a ignorância. Viver filosofando significa, para Sócrates, dar um lugar de destaque, no pensamento e na vida, à ignorância, ter uma relação de potência, afirmativa, generativa, com a ignorância. O problema, segundo Sócrates, não estaria em ser ignorante. De fato, todos os seres humanos o somos. A questão principal passa pela relação que temos com a ignorância. Alguns a negam, ignoram-na. Esse é o principal defeito de um ser humano, parece querer dizer Sócrates: ignorar sua ignorância. Tudo se pode ignorar, menos a própria ignorância. Depois de suas conversas com políticos, poetas e trabalhadores manuais, tais como são narradas na *Apologia*, Sócrates conclui que é o único em Atenas que sabe de sua ignorância, que ignora todas as outras coisas, menos a própria ignorância. E isso o torna o mais sábio. O problema principal dos que ignoram a ignorância é que se fixam a uma relação disfarçada com o saber e, baseando-se nessa relação, fecham-se a poder saber o que de fato ignoram. Obstruem toda busca. Como se fosse pouco, quando alguém lhes mostra suas ilusões, reagem violentamente, como fizeram contra Sócrates.

O mito de seu saber de ignorância outorga uma tremenda força à vida de Sócrates, ao pensamento em geral e tem fortes ecos para pensar a relação entre quem ensina e quem aprende. Em princípio, a ignorância é um vazio, uma falta, um defeito (*i-gnorantia*). A sabedoria parece ser seu contrário, uma presença, uma plenitude, uma virtude. Sócrates, ao postular que seu saber radica em certa relação com a ignorância, põe as coisas de pernas para o ar, inverte o sentido comum. Nada mais vazio que um ser humano que se considera sábio. Nada mais impotente que os presumidos sábios. Nada mais potente e afirmativo que um ser humano que se sabe ignorante. O gesto de Sócrates é impressionante: nada é o que parece. Ao contrário, as coisas são opostas ao que parecem: a ignorância sabe, o saber ignora; o ignorante sabe; o sábio ignora. Tamanho sacrilégio. A ignorância não é o que parece, somente uma negatividade, pode ser todo o contrário, a afirmação que torna possível o saber, o pensamento, enfim, uma vida digna para os seres humanos.

Os leitores já devem ter começado a pensar as enormes implicações dessas afirmações para um professor de filosofia ou, de modo mais geral, para qualquer educador. Em todo caso, também estabelece um espaço específico de significado e sentido, ali onde vários saberes se entrecruzam em um campo institucional: a filosofia não ocupa o lugar de um saber a mais; não é outro saber que se sabe quando se sabe filosofia; o que prima é antes de tudo uma relação com o saber. Essa delimitação pode ser crucial para um professor de filosofia em particular e para qualquer educador em geral. Porque, se um professor tradicional ocupa o lugar do saber e ensina a alunos que ocupam o lugar de ignorar, essa relação já não poderá sustentar-se quando o saber do professor se apoia em sua ignorância, quando o próprio lugar do saber passa a ser atravessado pela potência ignorante.

Muitos educadores – e não só de filosofia – sentem esse lugar diferente. Alguns se jactam dele e até expressam algum ar de superioridade que também faz lembrar Sócrates; outros preferem queixar-se de certo isolamento e incompreensão; também esses encontram em Sócrates, e nas reações por ele causadas na *pólis,* um espelho para verem-se a si mesmos. Em todo caso, vale à pena pensar os alcances, as forças e os limites dessa diferença. Não cremos que a mesma justifica qualquer diferença de valor entre a filosofia e os outros saberes: trata-se apenas de um modo diferente de relacionar-se com o saber, o que permite ao pensamento percorrer alguns caminhos que outros saberes não podem percorrer por si; mas também carece da força para transitar outros caminhos por si. Na verdade, não se trata de uma questão de disciplina, mas de uma relação com o saber. De modo que nada justifica uma posição de superioridade para a filosofia, para além do que muitos professores de filosofia, talvez inspirados no mito que Sócrates faz derivar do oráculo, pretendam.

Por outro lado, o mito socrático tem alguns problemas que tornam ainda mais problemática tal postura. Deixemos de lado a questão de saber, se se trata ou não de uma situação real ou de uma invenção platônica. Como é possível que Sócrates – no fim das contas, um ser humano – esteja tão seguro de uma interpretação da sentença do oráculo que justamente mostra o pouco valor de qualquer saber positivo por parte de um ser humano? Em outras palavras: como pode Sócrates dizer que sabe que seu saber não tem nenhum valor e, mais ainda, que é o que mais vale na *pólis*? Como pode saber que seu saber de não saber é o saber mais valioso? Se, na verdade Sócrates nada sabe, não poderia saber nenhuma verdade, nem sequer uma relacionada ao valor de seu não saber, como a que funda sua busca. Admitamos que pudesse saber apenas um saber: o da sua ignorância, mas, ainda assim, como chegar a saber que esse saber de ignorância é o saber mais valioso para um ser humano?

De modo que, se acreditamos em Sócrates e seu oráculo, então não poderíamos sair de uma postura cética radical *à la Górgias* ("nada existe; se existisse não poderia ser conhecido; se fosse conhecido não poderia ser comunicado"). Sócrates "sabe" algo mais do que diz o oráculo e isso é o que lhe permite dar sentido justamente à sentença oracular. O que Sócrates sabe não é um saber de conhecimento nem de palavras, e é precisamente o que o sustenta, um princípio de vida, algo que principia, dá início à sua vida, seu corpo o transpira, é algo muito mais forte que sua vontade ou sua consciência às quais excede: trata-se do significado e do sentido de viver de determinada maneira, de levar uma vida de acordo com a filosofia que ele mesmo inventa. No que se segue vamos analisar com algum detalhe o modo como Sócrates descreve esse filosofar.

Como nasce o filosofar

São os primeiros aparecimentos desta palavra com um sentido técnico na língua grega, até então ausente nos testemunhos conservados anteriores ao século IV a.C.[1] Na *Apologia*, aparecem quatro formas verbais ligadas ao infinitivo filosofar (*philosopheîn*). Vamos analisá-las.

A primeira é a já mencionada, o particípio plural que indica "os que filosofam" (*tôn philosophoúnton*). Na *Apologia* (28e), torna a aparecer uma forma do particípio, nesse caso singular, e também relacionada ao mandato divino. Sócrates está analisando se não seria vergonhoso dedicar-se a algo que o levaria à morte. Sustenta que, nas ações humanas, o que interessa considerar é se são justas ou não, sem se importar com os riscos que essas ações implicam. Cita exemplos homéricos que respaldam essa afirmação e sustenta que um homem deve manter-se no posto que considera melhor ou no que foi a mando de um superior, sem medir seus riscos. Se assim o fez ao se pôr sob as ordens dos chefes militares escolhidos por aqueles que são seus juízes nas batalhas de Potideia, Anfípolis e Délio, conclui que seria muito injusto abandonar seu posto por temor à morte agora ante o mandato do deus de que "é necessário

---

[1] Segundo aponta Giannantoni (2000, p. 14-15), a tradição que atribui a Pitágoras a invenção deste término não é confiável, e o termo aparece com um significado diferente em um fragmento de Heráclito (DK 22 B 50), em Heródoto, que chama Pitágoras de *sophisthés*, mas a Sólon de *philósophos* (*Historias* I, 30) e, em um célebre epitáfio em homenagem aos mortos na Guerra do Peloponeso, que Tucídides (II, 40, 1) atribui a Péricles. Mas não conservamos da cultura grega nenhum registro de um sentido semelhante ao que hoje chamamos de filosofia anterior a esse da *Apologia*.

viver filosofando, isto é, examinando-me a mim mesmo e aos outros" *(Apologia de Sócrates,* 28e).

Então, o filosofar aparece como um mandato que dita uma maneira de viver. Chama a atenção que a origem do filosofar não esteja no próprio Sócrates; ele o diz explicitamente: tem uma relação involuntária *(ákon, Apologia de Sócrates,* 26a) com sua arte. Não decidiu, desejou, nem quis filosofar. Trata-se de um mandato, um estilo de vida que não aceita condições, que vale por si mesmo como um princípio incondicional com base no qual se abrem certos sentidos, mas que não pode ser negociado, regateado, restringido, nem sequer dominado. Nesse modo de vida, filosofar consiste em examinar, submeter a exame, a si mesmo e aos outros. Primeiro chamado para um professor de filosofia exercer sua prática à maneira de Sócrates: examinando-se a si mesmo e aos outros.

Os outros dois aparecimentos da palavra filosofar estão em uma mesma passagem da *Apologia,* um do infinitivo *philosopheîn* em 29c, e outro do particípio *philosophôn,* em 29d. Ali, Sócrates joga com seus acusadores. Diz que, se lhe propusessem a absolvição, com a condição de deixar essa busca e esse filosofar, não aceitaria; mas que insistiria em exortar os seus concidadãos para deixarem de cuidar das riquezas, da fama e da honra, como vêm fazendo, e passem a cuidar e a se preocupar com o pensamento, a verdade e a alma, para que esta seja o melhor possível. Então, o segundo chamado de Sócrates para um professor de filosofia é para inverter os valores dominantes, deixar de cuidar do que se cuida e passar a cuidar do que está abandonado.

O que se segue especifica quatro ações em que se desdobra esse filosofar perante cada ateniense:

> [...] o interrogarei, o examinarei, e o confutarei e se não me parece que atesore a excelência, ainda que o diga, lhe recriminarei que dá menos valor ao mais valioso e mais valor ao mais baixo. *(Apologia de Sócrates,* 29e-30a)

Interrogar, examinar, confutar (a mesma palavra que havia utilizado em relação ao oráculo), recriminar, valorizar o menos importante e desvalorizar o mais valioso, isso é o que faz uma vida filosófica que Sócrates inventa em nome de um mandato divino. Essa vida não se conforma com olhar para si e olha também os outros; essa vida busca interferir no que os outros cuidam, atendem, interessam-se. O terceiro chamado de Sócrates a um professor de filosofia oferece esses caminhos para a sua prática.

Nesse contexto, Sócrates se compara com uma mutuca que procura despertar esse cavalo, grande e de bela raça, que é sua *pólis*, Atenas (*Apologia de Sócrates,* 30e-31c). Enfim, nessa cidade, cheia de figuras reputadas e excelsas, Sócrates se apresenta a si mesmo como o único desperto. A figura não é nova. A contraposição entre um que está desperto e muitos que dormem já era um *leitmotiv* do pensamento, ao menos desde Heráclito. Tampouco é inatual: a muitos professores de filosofia ainda hoje se percebem a si mesmos como despertos e aos outros – colegas ou alunos – como adormecidos.

O que talvez caracterize mais especificamente esse momento iniciador de Sócrates é que outorga a potência de iluminar a vigília a certa relação com a ignorância. E que, por alguma razão misteriosa, Platão chamou de um mandato divino, decidiu projetar essa relação sobre os outros. Essa pretensão faz de Sócrates um problema e um perigo, mas também um mistério e um início: sua vida não pode ser vivida sem que os outros sejam afetados por ela de determinada maneira, e sua relação com a ignorância não pode ser mantida sem que os outros ponham em questão a sua relação com o saber.

Essa é uma questão que pode interessar profundamente a um professor de filosofia, sem importar seu tempo e seu lugar: a filosofia, ao menos *à la Sócrates,* não pode não ser educativa; viver uma vida filosófica exige haver-se com o pensamento dos outros e intervir sobre ele. Não há como viver a filosofia de Sócrates sem que, de certa forma, outros a vivam, sem pretender educar o pensamento. Também vale a pena destacar o que Sócrates não ensina: nada que esteja fora de sua vida e de sua forma de vivê-la; não há uma doutrina externa, nem própria nem muito menos a de um terceiro; não há uma instância alheia ao próprio pensamento que seria "baixada" didaticamente. A própria vida é a filosofia e sua didática. Nada há para ensinar a não ser mostrar certo modo de andar pela vida.

Aprender sem mestre

Estamos diante de uma razão importante pela qual um professor de filosofia não pode deixar de olhar para Sócrates: porque ele afirma que fazer filosofia não está dissociado de ensiná-la e, de forma envolvente, mas não circular, ensinar filosofia exige também fazê-la, praticá-la, vivê-la. Assim, de maneira indireta, Sócrates ajuda a dissociar distinções pérfidas, como entre filósofo e professor de filosofia, licenciado e bacharel, pesquisador e docente, enfim, todas aquelas que pretendem separar a produção filosófica de sua transmissão.

A questão é então que: viver a filosofia exige fazer com que outros sejam partícipes dela. Trata-se de um aspecto principal do problema que estamos analisando. Sócrates é também acusado de corromper os jovens. Se ele tivesse ficado tranquilo filosofando consigo mesmo, não teria gerado semelhante inquietude na *pólis*. O ponto é que não existe essa possibilidade para Sócrates. Segundo a sua compreensão, filosofar exige haver-se com outros. Por isso, o choque é inevitável, porque seu modo de vida afeta significativamente o modo como outros vivem. De maneira que Sócrates deve responder sobre o impacto de sua vida na vida dos jovens. Deve fazer-se cargo dos desdobramentos educacionais de sua arte. Quase como um professor de filosofia de nosso tempo.

Na *Apologia* (33a), Sócrates responde à acusação pedagógica negando haver exercido o papel de mestre. Diz, literalmente, "nunca fui mestre de ninguém". E justifica essa negação com três argumentos: a) não recebe dinheiro de quem deseja escutá-lo nem discrimina seus eventuais interlocutores por sua idade ou por suas riquezas, como outros fazem; b) não prometeu nem jamais ensinou a ninguém conhecimento (*máthema*, 33b) algum; c) se alguém diz que aprendeu (*matheîn*, 33b) dele em privado algo diferente daquilo que afirma diante de todos os outros, não diz a verdade, já que Sócrates se comporta da mesma maneira – diz o mesmo – em conversas pessoais e em público.

As três razões são importantes e através delas Sócrates busca diferenciar-se de atores socialmente relevantes em seu tempo, justamente, no terreno educacional onde tem lugar a segunda parte da acusação contra ele. São três razões que instauram também um tipo de relação com o ensinar e o aprender – entre quem ocupa a posição de ensinante e quem ocupa a posição de aprendiz –, diferente daquela imperante em seu tempo. Por isso vamos dar-lhes alguma atenção.

A primeira razão deslegitima a profissionalização do ensino; questiona os que vivem – em termos econômicos – de ensinar, os que põem um preço para transmitir o que sabem; a segunda aponta contra os que consideram que ensinar tem a ver com transmitir um saber ou conhecimento e aprender, consequentemente, com incorporar esse conhecimento transmitido por outro; a terceira aponta contra aqueles que adaptam seu discurso, e por conseguinte a verdade que transmitem, em função do auditório. Para Sócrates, um ensinante deve dizer o mesmo – a verdade – sem importar onde e a quem lhe fala.

Poderia parecer curioso que, no mesmo parágrafo, Sócrates diga que não ensinou conhecimento ou aprendizagem algum, e que, se alguém diz que aprendeu dele algo diferente em privado do que diz diante de todos os outros, mente. No grego, as duas palavras têm o mesmo radical, *math*, ligado ao conhecimento e à aprendizagem. Isto é, Sócrates afirma que não ensina e que, no entanto, os que dialogam com ele aprendem, tanto é assim que não poderiam dizer que aprendem coisas diferentes em público ou de maneira privada. Mas vale notar que não é tão curioso na medida em que, justamente, Sócrates quer deslocar a relação entre quem ensina e quem aprende da lógica da transmissão de saberes imposta pelos profissionais da educação. Para estes, se alguém aprende é porque outro lhe ensinou os conhecimentos que ele aprendeu. Para Sócrates, no entanto, alguém pode aprender sem que seu interlocutor lhe ensine no sentido em que os profissionais pensam que um mestre ensina ou, talvez, justamente, porque seu interlocutor não tenha a pretensão de transmitir conhecimentos é que ele deveria aprender como fazem os mestres consagrados no seu tempo.

Desse modo, Sócrates reconhece involuntariamente, sem dar-se conta (?!), que os acusadores têm razão, ao menos quanto à segunda parte da acusação, e deve ser declarado culpado de corromper os jovens. A acusação diz que Sócrates corrompe os jovens, e Sócrates, em sua defesa, não o nega. Ao contrário, reafirma-o. Sócrates nega outra coisa: que não cobra por ensinar-lhes, que não transmite conhecimento algum e que o que eles aprendem em privado é o mesmo que o que ele diz em público. Mas ele não estava sendo acusado de nenhuma destas três coisas, nem de cobrar, tampouco de transmitir conhecimentos ou de ensinar diferentemente em público e em privado. Ao contrário, não havia nenhum problema em que fizesse isto: tanto cobrar por ensinar, como transmitir conhecimentos e adequar o conteúdo do ensino aos auditórios e contextos estava, se não bem visto, ao menos consentido na Atenas de seu tempo. O problema é justamente que Sócrates faz "outras" coisas que as consagradas socialmente para um mestre.

Assim, a resposta de Sócrates dá razão a seus acusadores. Pelo menos por sua prática educacional, deve ser condenado. Tem razão Kierkegaard (2000, p. 138-152) em destacar o caráter irônico da condenação. Também a tem Hegel (1985) ao dizer que sua trágica morte é consequência necessária da oposição de dois princípios do espírito: a consciência subjetiva e a liberdade objetiva. Mas essas e outras leituras não a esgotam. Ao contrário, há nessa morte uma tremenda positividade para pensar a educação e, mais especificamente, a relação entre quem ensina e quem aprende filosofia.

Em um contexto em que o saber é uma possessão estimada como objeto de desejo para dominar as instituições da *pólis*, Sócrates o retira de seu lugar e o reinventa ali onde se joga a vida. Também redireciona seu foco: do exterior para o interior; dos bens de troca para o pensamento; das propriedades para si mesmo. O efeito e o contra-ataque são imediatos.

A acusação deve ser levada a sério pelos professores de filosofia de nosso tempo. A filosofia se multiplicou em concepções, sentidos e instrumentos, muitos já bastante distantes daqueles afirmados por Sócrates. E, no entanto, não deixou de ser colocada no banco dos réus. Mudam as acusações, ou melhor dito, o sentido outorgado à corrupção pela qual a filosofia deveria responder. Atualmente são formas diversas: a filosofia levaria os jovens a distraírem-se do que realmente importa em uma sociedade capitalista como a que vivemos; afirmaria valores que não ajudam a inserir-se com "competência" no mercado de trabalho; iria na contramão da lógica tecnologicamente voraz que ditaria os modos exitosos de existência; enfim, a lista poderia continuar. Contudo, talvez os riscos maiores não estejam do lado daqueles que atacam a filosofia, mas justamente daqueles que a defendem, argumentando, ao contrário de Sócrates, que ela pode perfeitamente preparar para esse mundo da competência e do mercado; que, em vez de ensinar filosofia em uma escola, haveria que dedicar-se à gerência ou à formação de recursos humanos nas grandes empresas; o que a filosofia ensinada nas instituições educativas deveria promover, antes de qualquer outra coisa, mentes lúcidas e hábeis para se dar bem na selva do mercado de trabalho.

Sócrates seria um bom aliado para argumentar contra uma e outra possibilidade diante dos adversários externos da filosofia, sejam eles políticos, econômicos, sejam eles técnicos. Por um lado, se negaria a condicionar o valor e o sentido de uma vida filosófica a qualquer instância que não seja a legalidade que vem do próprio exercício do filosofar e do mandato sobre o qual esse se afirma. Por outro, é justamente ao enfrentar os valores imperantes em seu tempo, contra o modo de vida que "todo o mundo" diz que há que seguir, que sua prática adquire seu sentido principal.

Finalmente, vale à pena notar que a relação que Sócrates exorta os outros a manter consigo é aquela em que ele mesmo já está instalado. Neste sentido, em quem ensina já estaria de certo modo implícito o que o outro deve aprender. Contudo, não se trata de um saber de conteúdos, mas de um saber de relação com o próprio saber. Há uma relação com o saber por ensinar, que interessa a Sócrates que os outros aprendam.

Em uma conhecida passagem do *Teeteto*, Sócrates compara sua arte com a de uma parteira e estabelece duas diferenças: se exerce sobre os homens, não sobre as mulheres e sobre almas que dão à luz, não sobre corpos (*Teeteto*, 150b). Depois de reafirmar que ele nada sabe, sustenta essa mesma relação com aqueles que o rodeiam "[...] de mim nada jamais aprenderam" (*Teeteto*, 150d). Sócrates parece querer deixar claro ali que: a) ele não dá à luz ao saber que seus alunos aprendem, e b) ele é sim a pedra de toque que determina se o que os jovens dão à luz é de algum valor ou não. De modo que a função do professor de filosofia, antes que a de um transmissor, seria a de ser uma pedra de toque, um catalisador, para o exame que uma vida se dá a si mesma.

Isto é, enfim, o que Sócrates e a filosofia sabem quando afirmam que não sabem e que não dão à luz a nenhum saber: o valor do que os outros sabem, ou, em outras palavras, da relação que os outros têm com o saber e do modo como vivem. É isso o que a filosofia "ensina", ou permite aprender, antes e agora: o valor de certa relação com o saber, que dá lugar a um modo de vida marcada pelo exame e o cuidado de si.

Um modo de vida

Do que se trata, então, ao ensinar filosofia, é de um modo de vida. A questão aparece claramente exposta em outro *diálogo* de Platão, o *Laques*. O argumento começa com a busca de um mestre para o jovem Lisímaco. Sócrates rapidamente descarta que ele esteja em condições de ocupar esse lugar. Também ali se declara a si mesmo desprovido da arte de educar: não passa no exame segundo os dois critérios que ele mesmo propõe para avaliar os candidatos a ocupar o lugar de mestre: a) os mestres que tiveram e b) os nascimentos que engendram na forma de saberes. Pois bem, Sócrates diz não ter tido nenhum mestre nem recursos para pagar um sofista. E, mesmo que o tema o apaixone desde pequeno, ainda não descobriu a arte de educar nem gerou saber algum sobre essa arte. Por isso, ali pede aos experts Nícias e Laques que tomem a palavra e mostrem suas credenciais na arte de educar.

Nícias aceita o desafio, sabendo o que vem a ser ter que mostrar-se na frente de Sócrates: "Dar, de si mesmo, razão, de como é seu modo de viver atual e porque viveu a vida que levou" (*Laques*, 188a). Nícias sabe que, diante de Sócrates, há que justificar, "dar razão" (*didónai lógon*) da própria vida, a passada e a presente. Lembra inclusive um dito de Sólon sobre o valioso de aprender enquanto se está vivo. Mas o mais interessante vem quando arremata sua intervenção:

> Pois estar submetido à pedra de toque de Sócrates não é nada inusual nem sequer desagradável para mim, mas que pratica-camente desde faz bastante tempo soube algo: que, quando Sócrates está presente, nosso discurso não poderia ser sobre os jovens, mas sobre nós mesmos. (*Laques*, 188b-c)

Nícias, mesmo, em se tratando de um militar exitoso e afamado, parece sentir-se muito a gosto com o proceder socrático que a tantos incomoda; manifesta até sua familiari-dade com esse modo de atuar; faz sentir que lhe agrada essa forma de relação, aprende dela. Seu tom não parece irônico. Os *diálogos* de Platão não são unânimes nesse sentido. Ao contrário, em muitos casos, por exemplo, Trasímaco na *República*, Eutífron no diálogo do mesmo nome, ou Cálicles no *Górgias,* resistem firmemente aos embates de Sócrates e não caem sob os efeitos de sua sedução.

Contudo, para além do gosto ou desgosto pessoal de alguém em conversar com Sócrates, a intervenção de Nícias é especialmente significativa pelo valor e pelo sentido que dá à presença de Sócrates: o de uma pedra de toque; alguém que põe à prova, como o mesmo Sócrates se apresenta na *Apologia*: e o que Sócrates põe à prova nessa passagem do *Laques* é um modo de vida, a forma que alguém dá à própria vida. Isso é o que sempre vai estar em jogo com Sócrates, sugere Nícias: "Nós mesmos e a maneira como vivemos". Isso é o que "ensina" Sócrates, a viver de determinada maneira, ou melhor, a necessidade de problematizar certo tipo de vida voltando a consideração sobre ela mesma.

Enfim, isso é o que põe em jogo um professor de filosofia a quem a vida e a morte de Sócrates ainda continua a lhe dizer algo. O que está em jogo ao ensinar e aprender filosofia não é se sabemos ou não sabemos distinguir uma falácia de outra, se podemos reproduzir o imperativo categórico de Kant ou se somos ou não somos cartesianos. Claro que esses saberes não são desprezíveis. Mas o que de verdade está em jogo, aquilo que marca uma linha divisória entre a filosofia e a não filosofia, é se de verdade ela chega a afetar o modo de vida daqueles que a compartilham; se entram no mundo de dar razão à própria vida, de por que vivem da maneira como vivem. O professor de filosofia é quem disporia as condições para jogar esse jogo, para que os jogadores vejam valor e sentido nele, para que o joguem cumprindo suas regras.

Em seu último curso no *Collège de France*, *A coragem da verdade*, Foucault (1984, p. 48) sustenta que Sócrates rechaça o lugar do mestre para na verdade refundá-lo. Com efeito, Sócrates se negaria a ocupar o lugar do mestre de uma arte, qualquer que ela seja e junto a esse rechaço estabeleceria um novo lugar de mestria, o de guiar todos os outros, sob o caminho do *lógos,* a que cuidem de si mesmos e, eventualmente, de outros. Por isso, Sócrates aceita ao final do *Laques*, "se o deus o quer", ir à casa de Lisímaco no dia seguinte: não para ser seu mestre no sentido técnico, mas para levar a cabo a missão que realizou no diálogo e continuará cumprindo sempre, aquela que na *Apologia* diz ter recebido do deus: cuidar que os outros cuidem de si.

Que ensina Sócrates a um professor de filosofia?

Em todo caso, Sócrates e Nícias coincidem: o trabalho do cuidado, do pensamento, da filosofia, começa sempre pelo si mesmo; não há como provocar certo efeito no outro se antes não se fez esse trabalho consigo mesmo: como ensinar filosofia desde fora da filosofia? Como ensinar a filosofar se não se filosofa? Como aprender filosofia com quem está fora da filosofia?

Em uma passagem do *Mênon,* Sócrates o diz com todas as letras, de maneira muito diáfana. Recordamos o contexto do diálogo, sua pergunta primeira: é possível ensinar a excelência, *areté*? Em todo caso, antes há que saber o que é a *areté,* e Mênon – um experto que pronunciou mil discursos sobre a *areté* diante de plateias muito numerosas, e que se mostra solícito e decidido ao início –, diante das perguntas de Sócrates, já não sabe o que dizer. Mênon confessa sentir-se completamente encantado, drogado e enfeitiçado por Sócrates, "verdadeiramente entorpecido, na alma e na boca" (*Mênon,* 80a-b). Está como quem sofreu uma descarga elétrica e fica impossibilitado de qualquer movimento. E sustenta que ainda bem que Sócrates não viajou para fora de Atenas, porque, se tivesse feito tais coisas em outras *póleis,* sendo estrangeiro, teria sido julgado como feiticeiro. Sócrates responde a Mênon, que aceita a comparação com uma condição. Vale reproduzir a passagem inteira dada a sua importância:

> Pois não é por eu mesmo estar no bom caminho (*euporôn*) que deixo os outros sem saída *(aporeîn)*; mas, por eu mesmo, mais que ninguém, estar sem saída *(aporôn)*, assim também deixo os outros sem saída *(aporeîn)*. (*Mênon,* 80c-d)

A frase tem uma estrutura sintática em que as duas sentenças estão unidas por uma partícula adversativa (*allà,* mas). Em ambas as frases – explicativo-causais –, repete-se a parte final: produzir a aporia nos outros; o que muda é a explicação ou causa dessa ação; a primeira parte da primeira oração nega uma possível causa; a primeira parte da segunda oração afirma o que para Sócrates é a causa verdadeira dessa ação. Sócrates nega que ele provoque a aporia nos outros desde uma situação confortável, tranquila, de saber por onde ir e que caminho tomar (*euporôn*). Afirma que, ao contrário, só aturde os outros porque ele está mais aturdido que ninguém, porque seu saber nada vale, assim como nada valem os saberes dos outros. Note-se que a contraposição é entre uma posição de Sócrates, dada pelos prefixos *eu* (bem, bom), e *a* (ausência, carência, negatividade) diante da mesma raiz temática *póros*, que indica movimento, caminho, deslocamento.

Se pensarmos em uma relação educacional, o que Sócrates diz é que, só desde a interioridade da relação que se quer propiciar no outro, é possível compartilhar o caminho de quem aprende. Sócrates só pode produzir o aturdimento próprio da filosofia porque ninguém está tão aturdido quanto ele mesmo. O ponto paradoxal, importante para o nosso problema, é que o professor de filosofia Sócrates entende o exame de si como uma tarefa que lhe exige examinar os outros. Nesse ponto, o professor de filosofia não faz o que fazem todos os outros: não se examina a si como espera que todos os outros se examinem, examinando-se *ipsis literis*. Em outro sentido, esse professor se examina a si mesmo mais do que ninguém, porque é o único que projeta esse exame no exame de todos os outros. O paradoxo radica em que Sócrates, nascedor do ensino da filosofia, não pode examinar-se a si mesmo a não ser examinando os outros. Esse é o lugar paradoxal, único, de quem filosofa. O paradoxo se torna trágico quando o exame de si, através do exame dos outros, provoca a própria morte.

Em todo caso, ao compreender assim sua tarefa, Sócrates põe em questão uma lógica da formação profundamente arraigada em seu tempo e muito mais no nosso ao provocar aprendizagens que ele mesmo não ensina. Ajuda então a repetir algumas velhas perguntas e a pronunciar outras novas: que significam ensinar e aprender? Que conexão é necessária, conveniente, desejável, propiciar entre quem ensina e quem aprende? Que relação com o saber é interessante estimular em quem ocupa a posição de aprendiz? E entre os que ocupam a posição de mestre? Que movimentos provoca naqueles que aprendem? É possível, desejável, necessário, aprender sem um mestre que ensine?

Uma política que não faz política

Sócrates apresenta diante de seus juízes a anedota do oráculo que consagra sua relação com o saber de um modo estranho. Literalmente, diz: "Vou ensinar-lhes de onde surgiu a acusação contra mim" (*Apologia,* 21b). É uma das contadas ocorrências em que Sócrates reconhece ensinar algo: o que no final será a origem de sua morte. De maneira que, como já sugerimos, Sócrates sabe o princípio de seu fim e o sabe como um princípio que, indiretamente, remete a ele mesmo. Sócrates sabe, enfim, que ele mesmo foi o iniciador do processo que acabará levando-o à morte. Sócrates sabe os riscos de instaurar outra política na educação do pensamento.

Nas palavras de Foucault, Sócrates introduz um novo modo de dizer verdade ante os consagrados na *pólis*. Com efeito, Sócrates não diz a verdade do político, de Sólon, por exemplo, que vai à Assembleia dizer a verdade publicamente. Sócrates diz que esse âmbito seria demasiado perigoso e por isso não fez a política dos políticos. Sócrates dá dois exemplos para ilustrar a oposição que teve de "algo demoníaco" para atuar na política, oposição que Sócrates aceita e avalia como acertada porque do contrário "teria morrido muito antes" (*Apologia de Sócrates,* 31d).

Por certo, como assinala Foucault, os dois exemplos são ambíguos, já que se trata de duas situações nas que Sócrates enfrentou publicamente a política instituída: enfrentou um regime democrático (quando, membro do Conselho, foi o único a se opor a tomar a ação ilegal de julgar em bloco, e não individualmente, os dez estrategos vencedores em Arginusas (*Apologia de Sócrates,* 32b), mas também a um oligarca (quando se negou a cumprir a ordem dos Trinta Tiranos de trazer León de Salamina (32c-d). São ambíguos porque justamente Sócrates saiu ileso de ambas as situações e, no entanto, cita-as para ilustrar e justificar sua não participação política devido ao risco de morte. Isto é, diz que não participou na política porque teria morrido antes e dá dois exemplos em que participou sem deixar por isso a vida. Talvez sejam exemplos que mostram um risco e uma proximidade com a morte que uma militância mais constante não teria podido evitar. Em todo caso, Sócrates os apresenta como apoio a uma proibição demoníaca, semidivina, que ele aceitou de bom grado.

Aqui aparece uma nova tensão, na medida em que Sócrates não explica por que aceita o risco de morte da filosofia e não aceita o da política. Por que não deixaria de filosofar ainda que, para isso, tivesse que morrer mil vezes e participar na política que nem sequer merece uma morte? Em todo caso, Sócrates dedicou sua vida a filosofar, e os ecos educacionais desse exercício são notórios: alguns jovens – em geral, os que têm mais tempo livre, os mais ricos – se dedicam a imitá-lo por vontade própria e examinam também a outros. Como é lógico, esses jovens também encontram muitos homens que creem saber algo, mas sabem pouco ou nada. Os examinados se irritam com Sócrates mais do que com os jovens e consigo mesmos, e dali nascem as calúnias de que ele corromperia os jovens. Essas razões, para Sócrates, dão conta da origem das acusações que circulam sobre ele. São os boatos dos ressentidos, a voz dos que não aceitam terem sido desnudados em sua ignorância.

Sócrates não tem um projeto político, mas afirma uma prática que tem implicações políticas. Trabalha com indivíduos, um a um, e os efeitos políticos se dirigem ao pensamento de cada um e dali ao modo como cada qual vive. Sócrates parece querer dizer que uma vida como a que se vive na *pólis,* de uma política sem exame, não merece ser vivida (*Apologia de Sócrates,* 38a). Em outras palavras, que a política que se vive em Atenas não vale nada. Em vez de intervir nessa política para mudá-la, inventou outra política, baseada em interrogar os seus habitantes para tentar convencê-los de que mudem seu pensamento e seu modo de vida. Inventou também outra educação que a habitualmente praticada em seu tempo, deslocando o foco de um conteúdo a transmitir para uma intervenção que impedisse que seus interlocutores continuassem pensando como pensavam e vivendo a vida que viviam. Também ali muda as regras do jogo político que se estabelece entre quem ensina e quem aprende.

A essa outra política e a essa outra educação inventadas as chamou de filosofia. Por certo, como veremos mais adiante, trata-se de um jogo que impõe limites e restrições, que alguns aceitam jogar prazenteiramente e outros o rechaçam violentamente. Aqueles que o consideraram uma ameaça à ordem estabelecida e condenaram Sócrates à morte, nesse mesmo ato, deram vida perene ao jogo que ele havia inventado.

Leitura

O texto que se segue foi extraído da primeira hora da aula dada por M. Foucault no *Collège de France,* em 15 de fevereiro de 1984, no contexto do curso denominado *Le courage de la verité,* ainda inédito em francês. Fizemos a tradução com base em uma transcrição da gravação da mesma.

[…] Eu havia tentado dizer-lhes esquematicamente, e de certo modo sincronicamente, que se podia encontrar na cultura grega quatro grandes formas de dizer verdade: o dizer verdade (*parresía*[2]) do profeta, o dizer verdade do sábio, o dizer verdadeiro do

---

[2] A palavra grega *parresía* pode ser traduzida por "dizer verdadeiro" ou "franqueza".

professor, do técnico, do homem da *techné*, e enfim a veridição do parresiasta. Creio que as outras três formas de veridição: profecia, sabedoria e ensino, estão explicitamente presentes na *Apologia de Sócrates* e Sócrates as mostra bem ao tratar de definir em que consiste sua missão; marcou bem, muito explicitamente, os pontos de diferenciação em relação às outras formas de veridição. E mostrou qual era o caminho, como ele traçava o seu caminho entre estas outras formas de veridição.

Em primeiro lugar, com relação à veridição profética, pois bem, como acabamos de ver, e dali partimos, Sócrates, com efeito, começou a missão de sua *parresía* a partir de algo que era a palavra do deus; e a palavra profética do deus que havia sido consultado precisamente ali onde tem seu discurso profético, isto é, em Delfos. Neste sentido, pois, toda a nova *parresía* de Sócrates tem um bom apoio – e ele tende a sublinhá-lo por certo número de razões –, ele se apoia sobre a profecia do deus, o que lhe permite descartar a acusação de impiedade. Mas também se viu, e isto creio ser importante, que a esta profecia do deus – ou se vocês quiserem, à atitude profética e à escuta do discurso verdadeiro do profeta –, Sócrates submete um certo número de inflexões, ao submeter a palavra do deus a uma indagação que é a da investigação e da verdade. Ele transpôs a palavra profética, e os efeitos da palavra profética, do campo da realidade, onde sua efetuação é entendida, para o jogo da verdade onde se quer testar se efetivamente esta palavra é verdadeira. Portanto, transposição da veridição profética para um campo de verdade.

Em segundo lugar, também há no texto referências muito manifestas ao dizer verdade da sabedoria, ao dizer verdadeiro do sábio. Esta referência vocês a encontram em uma passagem onde Sócrates recorda a acusação de que é objeto, acusação bastante antiga, muito anterior à de Ânito e Meleto. E esta acusação consiste em dizer que Sócrates era ímpio, que era culpado, que cometia um delito *(adikeîn)* porque buscava conhecer o que ocorre no céu e sob a terra, tornando mais forte o discurso mais fraco (18c), fórmula tradicional para dizer que fazia passar o falso pelo verdadeiro, então, "ao buscar conhecer o que ocorre no céu e sob a terra". E a palavra empregada ali é *zêtein* (buscar), a mesma palavra que Sócrates emprega. Pois, o que Sócrates quer justamente mostrar é que, o que ele faz – contrariamente às acusações de que foi objeto –, é completamente diferente da *zêtêsis*, esta atividade que consiste em buscar o que pode ocorrer no céu ou sob a terra. E desafia a qualquer um, vocês o encontram em 18d, a encontrar alguém que o tenha ouvido falar assim destes temas. Ele jamais falou do que acontece no céu nem do que há sob a terra e, por outro lado, ele mostra na *Apologia* que de modo algum se dedica ao ser das coisas e à ordem do mundo, que é, com efeito, o objeto, o domínio do discurso da sabedoria. Sócrates não fala do ser das coisas e da ordem do mundo; a fala de pôr à prova a alma e a *zêtêsis* socrática se opõe àquela do sábio que buscava dizer o ser das coisas e a ordem do mundo, na medida em que, ao contrário, é a alma e a verdade da alma que estão em questão na *zêtêsis,* na investigação de sua alma. Assim, pois, diferenciação não só em relação ao dizer verdadeiro profético, mas também diferenciação com relação ao dizer verdadeiro da sabedoria.

Finalmente, em terceiro lugar, Sócrates marca bem a diferença que distingue sua veridição daquela do dizer verdadeiro dos que sabem, dos que possuem técnicas e são capazes de ensiná-las. E também o diz muito explicitamente a propósito da acusação feita contra ele que dizia que ele tentava ensinar *(didáskein)* as investigações que fazia. A essa acusação ele responde de duas maneiras; uma, tópica e imediata, ao proclamar bem alto que não é como os sofistas Górgias, Pródico ou Hípias, que vendem seu saber a preço de dinheiro e que são os professores tradicionais. Em seguida, também ao longo de toda a *Apologia,* responde destacando sua permanente ignorância, ao mostrar que o que ele faz não é como um professor a transmitir tranquilamente e sem expor a riscos os que sabem o que ele mesmo sabe ou pretende ou crê saber. O que ele faz, ao contrário, é valentemente mostrar aos outros que não sabem e que é necessário que se ocupem de si mesmos. Em suma, se vocês quiserem, em relação à palavra enigmática do deus, Sócrates instaura uma indagação, uma investigação, que tem por objetivo esperar que esta palavra se realize ou evitá-la. Ele desloca seus efeitos ao aprisioná-los em uma investigação de sua verdade. Em segundo lugar, com relação à palavra do sábio, à veridição, dizer verdadeiro do sábio, estabelece a diferença por uma radical distinção de objeto. Não fala do mesmo e sua investigação não tem o mesmo domínio.

Finalmente, com respeito à palavra do ensinante, Sócrates estabelece uma diferença por reinversão. Ali onde o professor diz: eu sei e escuta-me, Sócrates vai dizer: eu não sei nada e, se me ocupo de ti, não é para te transmitir o saber que te falta, mas para que, compreendendo que não sabes nada, aprendas por isso a ocupar-te de ti mesmo.

Capítulo II

A política de Sócrates e a igualdade das inteligências

A ignorância de Sócrates difere da que Rancière apresenta em *O mestre ignorante*. Depois de narrar a experiência de J. Jacotot em Louvain e apresentar sua crítica à lógica da explicação onipresente na instituição pedagógica, Rancière-Jacotot[1] afirmam a incompatibilidade de pensar que um professor explicador possa emancipar. A razão é clara: a explicação supõe a lógica do embrutecimento: quem explica impede que a inteligência de quem aprende trabalhe por si mesma. Ao contrário, quem emancipa interroga porque quer escutar uma inteligência desatendida. Não é conveniente que o mestre saiba demasiado porque esses saberes podem entorpecer o caminho. É necessário um mestre ignorante. O que esse mestre ignora é uma quantidade de saberes que poderiam condicionar o modo como acolhe o caminho de quem aprende e também ignora a lógica da desigualdade

---

[1] Ainda que, com notórias diferenças, entre Jacotot e Rancière se dá um certo paralelo do que ocorre entre Sócrates e Platão. É certo que Jacotot escreveu, e conservamos seus textos; é certo que Rancière não escreve diálogos, e seu pensamento pouco se aproxima do de Platão. Mas não é menos certo que há um uso do discurso em que as figuras escritas se confundem ou, pelo menos, deixa de ser tão relevante a distinção entre um e outro. Jacotot é, na terminologia de G. Deleuze, um personagem conceitual de sua filosofia. Por isso, neste capítulo as referências são à dupla Jacotot-Rancière.

das inteligências imperante na instituição escolar. Os leitores deste livro poderiam pensar, quase imediatamente, em Sócrates. No entanto, Rancière, ao contrário, afirma que "existe um Sócrates adormecido em cada explicador" e que o "método" de Jacotot difere radicalmente do método socrático (RANCIÈRE, 2002, p. 51).

Rancière diferencia Jacotot do Sócrates do *Mênon*, o que ensina um caminho do saber ao escravo, pouco depois da passagem que acabamos de citar no capítulo anterior.[2] Ali, uma vez recuperado do atontamento a que Sócrates o levou, Mênon quer saber por onde começar a buscar a partir da *aporia* de um e outro. Sócrates responde um pouco abrupta e surpreendentemente com uma teoria que afirma ter tomado de Píndaro e de outros poetas e homens religiosos, segundo a qual a alma é imortal, e investigar e aprender são absolutamente uma reminiscência (*Mênon*, 81d).

Para mostrar que ele nada ensina, e que simplesmente ajuda a que seu interlocutor recorde, faz um pequeno exercício com um escravo de Mênon. Jacotot-Rancière sustentam que Sócrates submete o escravo duplamente. Afirmam que Sócrates embrutece e não liberta porque não permite nem propicia que o escravo busque por si mesmo, que encontre o próprio caminho, e também porque há algo estabelecido de antemão, que Sócrates já conhece, que o escravo deve conhecer, sem o qual o que possa aprender não terá valor algum. Nessa dupla submissão, permitir ou não permitir buscar por si mesmo, determinar ou não o que o outro vai aprender, joga-se o caráter de um ensinante.

Como fazem notar Rancière-Jacotot, não é um detalhe que quem aprende com Sócrates seja um escravo. O contraste com o mestre – o mais sábio dos homens, segundo o

---

[2] A conversa com o escravo começa em *Mênon*, 82b e vai pelo menos até 85e.

oráculo – é notório. O escravo é um símbolo da mais diversa inferioridade: epistemológica, política, ética, social, cultural: aquele que não só não sabe, mas que não sabe como saber; o escravo não só não pode saber, mas está despossuído de todo poder que não seja o da submissão.

Ao contrário, Sócrates é a imagem do superior quanto ao saber e ao poder que emana desse saber. Essa imagem está presente em muitos outros *diálogos,* nos quais Sócrates sabe também como ninguém os caminhos para mostrar aos outros sua ausência de saber. No *Mênon*, Sócrates é dono de um saber positivo que lhe permite guiar o escravo até uma resposta correta à questão geométrica que estão analisando. Esse Sócrates sabe também o saber que haverá de surgir da indagação e, claro, sabe o melhor caminho para chegar a esse saber.

E os diálogos aporéticos?

Contudo, um leitor poderia pensar que, na verdade, esse Sócrates do *Mênon* encontra-se exageradamente contaminado por Platão e se afastaria do Sócrates mais real que os chamados diálogos socráticos mostrariam. Nesses diálogos também chamados aporéticos, Sócrates não faria gala de nenhum saber positivo com relação às perguntas que analisa e, de fato, elas permanecem sem resposta ao final. Então, se poderia argumentar que esse Sócrates embrutecedor do *Mênon* é atípico nas conversas primeiras. Poder-se-ia então afirmar que a teoria da reminiscência é mais platônica do que socrática e àquele é que Jacotot-Rancière deveriam dirigir suas críticas.

Certamente, há algumas diferenças significativas entre o *Mênon* e os diálogos de juventude. Por exemplo, quanto às perguntas e respostas. Nesses diálogos, a pergunta que orienta a conversa costuma ser aberta e polêmica, pela natureza de uma areté, e não há um saber previamente determinado que os interlocutores de Sócrates deveriam aprender ao final do diálogo. Nesses textos, tanto Sócrates como seus codia-logantes costumam acabar sem saber responder à pergunta inicial. Justamente isso é o que Trasímaco recrimina em Sócrates: que tem o costume de não responder às perguntas que propõe e faz com que os outros se contradigam (*A República* I, 337e). Trasímaco também reprova Sócrates por não ensinar um saber positivo:

> Esta é a sabedoria de Sócrates: pois ele não busca ensinar, mas dá voltas ao redor dos outros para aprender deles e nem sequer lhes agradece. (*A República* I, 338b)

"Ele não busca ensinar". Isso já o sabemos. Não há nada que Sócrates queira transmitir segundo a lógica tradicional dos pedagogos. Ao contrário, essa é justamente sua sabedoria: não buscar o que alguns creem possuir e outros consideram que o próprio Sócrates possui. Assim, "anda dando voltas em redor dos outros para aprender deles". Um mestre emancipa-dor esconderia essa sabedoria? Por um lado, pareceria que sim. Como um mestre emancipador, Sócrates não explicaria nem ensinaria um saber de transmissão. Antes, ele apren-deria do aluno, e ainda com a pecha de mal-agradecido que Trasímaco lhe tacha. Como os emancipadores, Sócrates não ensinaria à maneira de um explicador, e seus interlocutores atenderiam algo que desconheciam ao início da relação pedagógica. É certo, sua aprendizagem tem a forma de um não saber o que antes sabiam, mas não seria menos apren-dizagem. Os que conversam com Sócrates aprenderiam a desaprender o que sabem.

No entanto, desde a perspectiva de Rancière, à diferença de um mestre emancipador, poderia argumentar-se que Só-crates nesses casos já sabe o que o outro deve saber e o conduz premeditada e implacavelmente até o ponto em que reconheça o que Sócrates antecipadamente já sabe: que não sabe o que crê saber. Não há novidade alguma na aprendizagem, pelo menos para o mestre. Ainda que seja para mudar a relação que o outro tem consigo mesmo, Sócrates também já sabe isso de antemão. E isso se daria em todos os diálogos, ainda naqueles em que não há saber positivo ao final. Ao contrário, o proceder socrático seria neles mais perverso, na medida em que oculta seu papel embrutecedor sob a ausência de um saber de resposta e a negação explícita a ocupar o lugar de mestre.

Assim, para Rancière, o socratismo é uma forma aperfeiçoada de embrutecimento, ainda que se revista de uma aparência libertadora. Sob a forma de um mestre na arte de perguntar, Sócrates não ensinaria para libertar, para independentizar, mas para manter a inteligência do outro submetida à própria inteligência desse outro.

Sócrates não pergunta à maneira dos homens, mas à dos sábios (RANCIÈRE, 2002, p. 52). Como vimos, Sócrates diz estar cumprindo um mandato divino: tirar os outros de sua arrogância, de sua autossuficiência, de sua pseudossabedoria. Desde a óptica de Rancière, trata-se de uma política de iluminado, de superior a inferior, de alguém que esteve em contato com um saber divino e quer intervir para que os outros homens se aproximem de uma vida mais divina. Sócrates ensina à maneira de um pastor. Parte da desigualdade que verifica e legitima sem cessar em cada uma de suas conversas.

Desta maneira, para Rancière, o problema da pedagogia de Sócrates acaba sendo um problema político: crê no oráculo délfico e se sente superior a todos, a seus interlocutores, a Ânito, Licão e Meleto, seus acusadores na *Apologia*. Os *diálogos* socráticos não mostram nenhum homem que esteja à sua altura, que possa conversar com Sócrates em pé de igualdade. Apesar do que diz Trasímaco na passagem citada e que ele mesmo repete tantas vezes, Sócrates não parece convencido de que haja algo de valor que ele possa aprender de seus interlocutores. E, por sua vez, ele sabe muito bem que todos têm pelo menos uma coisa a aprender dele: a reconhecer que não sabem o que creem saber. Sócrates, afirma Rancière (2002, p. 137), "compartilhou a loucura dos seres superiores: a crença no gênio"; acreditou-se superior aos mestres da ordem social e isso explica o final de sua história.

O caso do *Eutífron*

O *Eutífron,* um desses *diálogos* aporéticos, parece dar razão a Rancière. O diálogo é particularmente relevante para sua tese, na medida em que a conversa tem lugar com um sábio em assuntos sagrados, o experimentado Eutífron. É também significativo pela proximidade da trama com a *Apologia:* o argumento começa quando Sócrates vai buscar no Tribunal a acusação contra ele.

Nesse início, Sócrates se situa como discípulo de Eutífron e lhe pede que explique que é o sagrado e o ímpio, dos quais Eutífron se declara conhecedor (5d). Este, inevitavelmente, fracassa todas as vezes em que trata de responder às perguntas de Sócrates. Em sua primeira tentativa, sugere que o sagrado é o que ele mesmo está fazendo nesse momento, instaurando um processo contra quem é injusto, sem importar se quem comete injustiça é um amigo, um pai ou quem seja; ao contrário, não fazê-lo seria um ato ímpio (5d-e). Sócrates contesta que, de fato, Eutífron não respondeu a sua pergunta; apenas deu um exemplo, um caso, de uma ação sagrada ou ímpia, mas não contemplou muitas outras coisas que também o são (6d). Sócrates especifica um pouco mais seu pedido: quer a forma mesma, a única ideia, o paradigma em si, pelo qual as coisas sagradas são sagradas, e as ímpias, ímpias.

Na sua segunda tentativa, Eutífron também falha. Afirma que "o amado pelos deuses é sagrado e o que não é amado pelos deuses é ímpio" (6e-7a). Podemos resumir a confutação de Sócrates como se segue (7a-8b): os desacordos se dão, entre deuses e seres humanos, precisamente pelos sentimentos que eles têm sobre coisas tais como o justo e o injusto, o bom e o mau, o sagrado e o ímpio. Isso significa que alguns deuses amam algumas coisas, e outros deuses odeiam essas mesmas coisas. Assim, as mesmas coisas são amadas e odiadas pelos deuses e, desse modo, a definição proposta por Eutífron leva a uma contradição, na medida em que algumas coisas seriam amadas e odiadas pelos deuses e, portanto, sagradas e ímpias ao mesmo tempo.

O argumento de Sócrates é falaz, na medida em que parte de uma premissa que ele mesmo não considera verdadeira (que existem diferenças substantivas entre os deuses com relação ao que é amado ou odiado por eles, cf. a esse respeito o livro II de *A República* ou o próprio *Eutífron* 9c-d). O critério dado por Eutífron pode não ser o que Sócrates está buscando uma vez que não oferece o paradigma ou a ideia "pela qual todas as coisas sagradas são sagradas (e as ímpias, ímpias)", mas não é contraditório: se alguns deuses odiassem as mesmas coisas que outros deuses amam, isso indicaria simplesmente que para tais deuses não são sagradas e ímpias as mesmas coisas. Se isso é problemático para Sócrates, o problema está na concepção dos deuses pressuposta ou em sua pretensão de uma resposta única e universal para sua pergunta, mas não na resposta oferecida por Eutífron.

Mais ainda, a caracterização que Eutífron propõe (que não muda substancialmente ao longo do diálogo) não só não é contraditória, mas que funcionaria muito bem, se Sócrates partisse de um princípio que ele mesmo propõe em *A República* II, a saber, que os deuses – pelo menos os verdadeiros deuses ou os deuses de uma verdadeira pólis – só podem amar e odiar as mesmas coisas. Eutífron tenta mostrar que, pelo menos no seu exemplo, assim seria: todos os deuses aceitariam que quem matou injustamente ou cometeu alguma outra injustiça deve render contas ante a Justiça (*Eutífron*, 8b).

No entanto, a continuação da conversa mostra um Sócrates implacável. Volta, valendo-se de uma premissa ("ninguém entre os homens ou os deuses diria que não deveria render contas ante a justiça quem comete injustiça") falsa, à luz das próprias conversas em outros diálogos (por exemplo, em *A República* II (357a ss.) tem um longo intercâmbio junto a Adimanto e Glauco para mostrar que a justiça é preferível à injustiça em função dos que argumentam o contrário, isto é, que a injustiça é preferível à justiça). Conclui, assim, que é precisamente em determinar se uma coisa é justa ou injusta que homens e deuses divergem (*Eutifron*, 8c-e). Eutífron dá sinais de cansaço e, ante a ironia socrática de que certamente explicará aos juízes o que a ele, Sócrates, lhe dá mais trabalho aprender, responde com mais ironia: "Se me escutam, lhes explicarei" (9b). Eutífron toca um ponto-chave: nessa e em muitas outras passagens dos diálogos, Sócrates parece não escutar seus interlocutores.

De fato, Sócrates só parece querer escutar uma única coisa e, se não escuta o que quer escutar, não dá descanso ao outro. No exemplo do *Mênon* com o escravo, parece até lógico, na medida em que o problema técnico que buscam resolver só tem uma resposta (ainda que pudesse objetar-se que há, pelo menos, mais de um caminho para alcançá-la), mas a questão se torna muito mais espinhosa justamente quando os temas são polêmicos como no *Eutífron*. Sócrates não escuta a resposta de Eutífron. Não é verdade que Eutífron não tenha respondido à sua pergunta. Simplesmente não o faz como a Sócrates gostaria que respondesse. Sócrates quer o "que" e Eutífron oferece o "quem". Sócrates pergunta pelo sagrado, e Eutífron responde mostrando alguém que faz o sagrado.

Por que não? Qual é o problema? Por acaso cada "que" não esconde um "quem"? Por acaso, a pretensão socrática de uma natureza, ideia, paradigma, ou ser do sagrado não esconde uma afecção como a que oferece Eutífron? Por que uma característica abstraída e universalizada é melhor resposta para entender o modo de ser de uma coisa do que o sujeito de sua produção? Sócrates bem poderia discutir o que de fato não parece querer discutir: que é o que faz que uma coisa "x" seja "x"? É um paradigma ou uma ideia, como ele pressupõe, ou poderia ser algo mais concreto, da ordem do aqui e do agora, da existência, dos afetos e os efeitos, da história e da geografia, tanto quanto da metafísica ou da ontologia?

Por certo, Sócrates não considera essas perguntas. Impugna as respostas de Eutífron como se as suas perguntas só pudessem ser respondidas como ele espera que sejam respondidas. Importa notar a violência desse modo de proceder socrático uma vez que imprime uma despersonalização ao pensamento, abstrai-o da existência e dos sujeitos que o afirmam, desconecta-o dos afetos e das paixões que lhe dão vida e sentido; curiosamente, em certo sentido, uma antiestética da existência.

No *Eutífron*, Sócrates não cumpre a condição que, segundo vimos, estabelece no *Mênon* com respeito a si mesmo: Sócrates parece estar no euporôn: sabe o caminho desde o início, não sai do seu lugar e insiste em tirar os outros da senda que transitam, sem se dispor, ele mesmo, a revisar a sua. Desqualifica toda resposta que não se encontre com a própria resposta e, mais ainda, desconsidera toda pergunta que não esteja dentro das que pretende consagrar para o pensamento.

Na continuação do *diálogo*, Sócrates insiste. Não é "ser amado pelos deuses" o critério que determina o "ser sagrado", mas, ao contrário, algo é amado pelos deuses por ser sagrado

(9c-10e). Assim, Eutífron estaria confundindo um efeito do "ser sagrado" ("ser amado pelos deuses") e do "ser ímpio" ("ser odiado pelos deuses") com o quê do "ser sagrado" e do "ser ímpio". Eutífron já não sabe como dizer a Sócrates o que pensa. Tal como Mênon e tantos outros, tudo dá voltas ao seu redor. Nada fica quieto (11a-b).

Então, Sócrates sustenta que o que afirma Eutífron lhe faz recordar Dédalo (11c).[3] Sócrates refere-se a Dédalo também no começo do *Híppias Maior*, como alguém que se vivesse em seu tempo e "realizasse obras como as que o tornaram famoso, cairia em ridículo" (*Híppias Maior*, 282a). Ao que parece, as estátuas de Dédalo eram figuras com olhos muito abertos, braços estendidos e pernas separadas, em posição de andar, com o que produziam a impressão de estar em movimento. De modo que Dédalo era criador de algo que parecia uma contradição: "estátuas em movimento".

Sócrates também se refere a Dédalo ao final do *Mênon* (97e). Em um contexto em que a estabilidade é fundamental para a epistemologia ali proposta, comenta que as estátuas de Dédalo têm valor só na medida em que permanecem em seu lugar, mas são de pouco valor quando estão soltas; porque, ao não estarem quietas, não é possível perceber sua beleza, daí precisarem ser encadeadas. Compara-as com as opiniões verdadeiras que só valem quando se aquietam e se tornam conhecimentos estáveis (*Mênon*, 98a). Para o Sócrates desse

---

[3] Dédalo é um ateniense da família real, o protótipo do artista universal, arquiteto, escultor e inventor de recursos mecânicos (GRIMAL, 1989, p. 129). Desterrado depois de matar seu sobrinho Talo por ciúmes, foi o arquiteto do rei Minos em Creta e construiu o Labirinto onde o rei encerrou o Minotauro. Fez com que Ariadne salvasse Teseu, o herói que viera combater o monstro, sugerindo-lhe que lhe desse a madeixa de lã que lhe permitiria voltar sobre seus passos à medida que avançasse. Por isso, Dédalo foi encarcerado por Minos e então escapou com umas asas que ele mesmo fabricou para se refugiar na Sicília (p. 130).

diálogo, a estabilidade, a quietude e a mesmidade são princípios fundamentais do conhecimento e do ser.

Eutífron diz então que é Sócrates quem se parece com Dédalo (11d). Sócrates aceita a comparação e se considera ainda mais terrível que aquele, uma vez que, enquanto Dédalo fazia com que apenas as suas obras não permanecessem em seu lugar, Sócrates faz o mesmo com as suas e também com a dos outros.

De modo que aqui a inferência socrática é a outra face da moeda diante da sua comparação com o peixe-torpedo no mesmo *Mênon*, segundo vimos no capítulo anterior. Ali, Mênon punha em evidência o que Sócrates fazia com ele e com outros e este o colocava como exigência também da relação consigo mesmo; aqui Eutífron chama a atenção para um tipo de trabalho próprio de Sócrates consigo mesmo e este o estende também para os demais. Sócrates acrescenta que é um experto, sábio ou especialista, nessa arte "sem querer", involuntariamente (*akon*, 11d) pois desejaria que suas razões ou argumentos (*lógous*, 11e) permanecessem quietos, sem se mover. Como na *Apologia*, Sócrates, o homem que controla quase tudo nos diálogos, declara não controlar seu gesto inicial, detonador, com o qual nasce a filosofia.

Nos dois casos, o efeito é semelhante: como Dédalo ou como peixe-torpedo, Sócrates faz com que seus interlocutores percam o chão e não possam falar mais; problematiza uma relação tranquila que tinham antes com o próprio saber. Os outros já não se sentem mais seguros nem cômodos no lugar em que estavam. E o próprio Sócrates afirma que ele também sofre o próprio efeito.

Depois do enfado de Eutífron, a conversa continua. Sócrates consegue, com muita dificuldade, que Eutífron aceite que o sagrado é uma parte do justo e que se trata de especificar precisamente que parte é essa (12a-12e). O intercâmbio ganha novo impulso e Eutífron parece avançar no caminho pelo qual Sócrates quer levá-lo quando afirma que o sagrado é a parte do justo que tem relação com o tratamento que se dá aos deuses, enquanto a outra parte do justo tem relação com o tratamento que se dá aos homens (12e). Mas falta ainda um pouquinho mais, diz Sócrates, e pede esclarecimentos sobre o tipo de tratamento do qual fala Eutífron (13a).

Nesse detalhe, nessa coisa menor que falta para que a discussão chegue a bom termo, os interlocutores se perdem novamente. Parecem cansados um do outro, e a continuação da conversa não traz novidade alguma. Eutífron insiste que aprender sobre essas coisas é um trabalho árduo (14a-b), e Sócrates o acusa de não querer ensiná-lo (14b) e de retornar aos seus mesmos argumentos. Acrescenta que Eutífron é ainda mais artista que Dédalo, uma vez que consegue que seus argumentos andem em círculos (15b-c). O tom aborrecido de Sócrates parece indicar o fracasso do final: depois de dar tantas e tantas voltas, Eutífron vai parar no mesmo lugar do início.

Então, o *Eutífron* é um exemplo dessas conversas socráticas em que o interlocutor de Sócrates não consegue dar uma resposta satisfatória sobre o assunto indagado. O final do *Eutífron* é também ilustrativo em outro sentido, talvez ainda mais interessante. Diante da enésima e última insistência de Sócrates para que lhe diga que é o sagrado e o ímpio, Eutífron sai correndo às pressas; foge de Sócrates. Desse modo, repete a atitude de outros interlocutores: Sócrates nem sempre consegue o que diz que faz, na *Apologia*, com os que dialogam com ele. Eutífron parece acabar o diálogo pensando o mesmo que pensava no início e, com todos seus movimentos dedálicos, Sócrates não consegue tirá-lo de seu lugar, a não ser para escapar do próprio Sócrates, fazendo movimentos circulares que lhe permitiam retornar ao mesmo ponto de partida.

Mais ainda, o próprio Sócrates não parece ter aprendido nada na parte final do *diálogo*. Sua última intervenção (15e-16a) é esclarecedora: lamenta que, diante da fuga de Eutífron, fique impossibilitado de aprender que é o sagrado e seu contrário, o que lhe permitiria livrar-se da acusação de Meleto e, com base nesse saber a respeito do divino, não atuaria de modo leviano, nem faria novas invenções por desconhecimento e, além do mais, poderia viver outra vida, melhor.

O tom não pode ser senão irônico. Sócrates na *Apologia* nega as acusações, não crê atuar por desconhecimento nem de modo leviano, nem tampouco acredita que haja uma vida melhor que a sua para ser vivida. Ali não parece que tenha algo que aprender sobre que é o sagrado ou sobre como se deve viver.

Sócrates não aprendeu nada de Eutífron, como Trasímaco diz que Sócrates sempre faz. Não deu lugar ao seu saber, não o escutou quando teve oportunidade de fazê-lo. Assim, ele também acaba por retornar ao mesmo lugar do início. Dedálicos, os dois foram ao dar voltas em círculo para regressar ao mesmo ponto de partida.

Em todo caso, esse diálogo aporético mostra um Sócrates semelhante ao da conversa com o escravo de Mênon, pelo menos no princípio e no sentido políticos que parecem mover sua palavra. Também aqui Sócrates parece saber desde o começo aonde Eutífron deve chegar: a saber que não sabe o que acredita saber; também aqui, apesar do que diz ao princípio e ao final de seu encontro com o sacerdote, Sócrates não pergunta por que ignora, mas para mostrar quem dos dois é o que sabe de verdade. A diferença principal entre os dois diálogos, a razão mais importante do fracasso do *Eutífron*, é que diante de si não tem um escravo, mas um experto nas questões tratadas que prefere escapar a dar o poder da razão e a verdade a Sócrates.

Outros casos

Poderia discutir-se em que medida esse Sócrates se repete nos outros diálogos de juventude de Platão. Não é fácil determiná-lo. Em alguns, Sócrates mostra outras facetas. Talvez o *Alcibíades I* seja o que apresenta um Sócrates mais próximo da crítica de Rancière no sentido de alguém posicionado na desigualdade, que parte de seu saber e do não saber do outro para conduzi-lo até si mesmo. Nesse breve exercício, Sócrates, o filósofo, diz a Alcibíades, o jovem aspirante a político, o dever ser da política: para governar aos outros – transmitir a excelência –, antes de mais nada, há que governar-se a si – ser excelente. E para isso é preciso conhecer-se.

Ali, Sócrates parece saber o ponto de chegada desde sempre, e o *diálogo* mostra, desde o começo, a superioridade em que Sócrates se situa com relação ao seu interlocutor: o aspirante a político se rende à verdade do filósofo, a uma verdade sobre si que o filósofo lhe revela, e o diálogo acaba com a promessa do primeiro de ocupar-se da justiça e de buscar para isso ser companheiro do filósofo (135d-e). Como tantos outros interlocutores, Alcibíades, quem talvez por sua idade e suas aspirações, à diferença de Eutífron, aceita sua posição de bom grado, aprende a reconhecer que não sabe sobre o assunto em questão e que a melhor forma de saber é pôr-se às ordens de Sócrates.

Desde a política do pensamento que se estabelece entre quem ensina e quem aprende, o *Alcibíades I* está muito próximo do *Eutífron* e da passagem do escravo do *Mênon*. É Sócrates quem determina o campo do pensável para Alcibíades. Este se entrega mansamente a pensar o que Sócrates diz que é necessário pensar.

Há outros casos contrastantes. Vimos o exemplo do *Laques*. No *Lísis*, os efeitos também são diferentes. Uma vez mais, a conversa tem resultado aporético e também mostra que entre amantes não é fácil saber quem ama a quem. Todas as possibilidades examinadas acabam em antinomias. Por sua vez, Sócrates novamente cumpre seu papel: seduz Lísis, por quem todos estão enlevados, que o escuta durante todo o *diálogo* com cuidado e atenção. Vale notar que Sócrates ganha a atenção de Lísis não só para si, mas também para a filosofia. No diálogo, algumas marcas o testemunham: é amante de escutar (206c), esteve completamente atento à conversa (211a), ainda que aceite ser porta-voz da conversa, quer que Sócrates diga alguma outra coisa a Hipotales para que ele escute (211b). Ao dirigir sua atenção para a filosofia, Lísis vai dirigi-la sobre si mesmo. Nesse diálogo, o dizer socrático funciona a pleno, e Sócrates provoca uma diferença em todos os interlocutores. Por exemplo, Hipotales percebe como deve mudar sua relação com Lísis; Menexeno já não pensa mais da mesma maneira sobre o que faz com que um amigo/amante (*phílos*) seja um amigo/amante (*phílos*). Lísis é outro depois de conversar com Sócrates e reconhece que sua situação servil – em casa e fora dela – não se deve à sua pouca idade, mas à sua falta de saber e prudência, um problema do qual no mesmo diálogo já começa a ocupar-se. Ao fim, todos têm novos elementos para pensar por que são *phílos* do que são *phílos*, assim como para pensar o que faz que algo seja ou não seja digno de ser *phílos*.

Por outro lado, o *Lísis* também mostra que Sócrates ocupa, em relação a seus jovens interlocutores, uma posição de superioridade epistemológica, pedagógica, política e filosófica. Nada há de diálogo simétrico na relação entre quem ensina e quem aprende. No *Banquete,* o mesmo Alcibíades registra muito claramente essa relação de Sócrates com seus amantes: "Está convencido de que deve ganhar-me em tudo" (222e).

Os exemplos poderiam multiplicar-se, e as reações dos interlocutores são diversas. Em textos como *A República* I ou o *Górgias*, particularmente nas conversas de Sócrates com Trasímaco e Cálicles, Sócrates encontra feroz resistência. Seus interlocutores não se resignam a pensar o que Sócrates quer que pensem ou a estabelecer as relações que Sócrates quer que estabeleçam em seu pensamento.

Políticas do pensamento

Nos termos propostos neste livro, o importante não é o conteúdo do que Sócrates busca nem se o faz por si ou pelos outros. O que está em jogo é a política do pensamento que afirma em sua relação com os outros; que espaço no pensamento ocupa para si e que espaço deixa para os outros; que coisas permite pensar e que coisas não deixa pensar; que forças desata no espaço do pensamento habitado por seus interlocutores; que potências desencadeia ou interrompe em seu dialogar com outros. É essa posição particular de um professor de filosofia que nos interessa problematizar através de Sócrates.

Em outras palavras, quais são os limites no modo de fazer o que diz que a filosofia faz? Quais são as condições e possibilidades que oferece a quem aprende filosofia? Nesse sentido, Sócrates parece também compartilhar um pressuposto político do velho ideário pedagógico do qual trata de diferenciar-se na *Apologia*: também ele parece pretender que o aluno aprende o que o mestre lhe ensina, embora o que Sócrates ensine não seja um saber de resposta, e sim um deixar de saber o que se sabe. Rancière diria que dessa maneira impossibilita que o outro aprenda desde a lógica da emancipação, sob o signo da igualdade das inteligências. Por isso Sócrates não seria um mestre ignorante, porque não ignora a desigualdade intelectual que embrutece.

Para Jacotot-Rancière, uma ação educativa verifica a igualdade das inteligências e então emancipa ou alimenta a paixão desigualitária e embrutece. Desde essa concepção, Sócrates não só não emancipa como também se torna o mais perigoso dos embrutecedores ao esconder sua paixão sob a máscara da ignorância. Muitos diálogos parecem dar-lhes razão. Outros mostram que o legado de Sócrates para pensar os paradoxos de ensinar é mais complexo e polissêmico.

À luz dessas considerações, poderíamos retomar a dimensão política do enigma-paradoxo de Sócrates – e com ele dos professores de filosofia – da seguinte maneira: por um lado, Sócrates diz que não faz política porque ela é contraria à filosofia e, se a tivesse exercido, teria morrido muito antes. Mas, na verdade, o que faz Sócrates é opor a política dos políticos a política dos filósofos. O que Sócrates então trava é, em uma dimensão, um embate entre duas políticas. Sua vida e sua morte encontram sentido a partir desse enfrentamento. Mas não basta dizer que enfrenta uma política da pergunta a uma política da resposta. Suas perguntas também supõem respostas, e em alguns casos essas parecem determinar o sentido e valor daquelas.

Que significado tem e sobre que princípios se assenta a política da filosofia? Como e para que Sócrates exerce o poder de pensar, examinar a si e aos outros, segundo afirma ser sua missão divina? Os exemplos nos *diálogos* de Platão mostram efeitos distintos, opostos. Em alguns casos, os interlocutores ganham força ao conversar com Sócrates, amplia-se o espectro do que buscam, seu pensamento parece empoderar-se, no sentido de ganhar uma potência desconhecida, derivada do questionamento de si proposto por Sócrates. Em outros casos, Sócrates parece exageradamente preocupado em dominar a direção do pensar de seus interlocutores.

As implicações dessas considerações para um professor de filosofia são múltiplas. Por um lado, a política praticada por um professor de filosofia se enfrenta a outras políticas; a da escola, do Estado, mas também a da Literatura, da Matemática, da Física, da História. Por outro lado, que política um professor de filosofia abre para seus alunos? Em que medida sua intervenção aumenta sua potência para pensar? Quais são seus pontos fixos, seus princípios inegociáveis? Quais são as condições e as forças que pode desdobrar o exercício do poder filosófico em uma instituição de ensino?

Leitura

Jacques Rancière faz uma dura crítica de Sócrates em *O mestre ignorante*. No texto a seguir, extraído do prefácio à edição brasileira do livro, Jacques Rancière apresenta os fundamentos que demarcam bem sua crítica a Sócrates.

[Jacotot] preveniu: a distância que a Escola e a sociedade pedagogizada pretendem reduzir é aquela de que vivem e que não cessam de reproduzir. Quem estabelece a igualdade como *objetivo* a ser atingido, a partir da situação de desigualdade, de fato a posterga até o infinito. A igualdade jamais vem após, como resultado a ser atingido. Ela deve sempre ser colocada antes. A própria desigualdade social já a supõe: aquele que obedece a uma ordem deve, primeiramente, compreender a ordem dada e, em seguida, compreender que deve obedecê-la. Deve, portanto, ser já igual a seu mestre, para submeter-se a ele. Não há ignorante que não saiba uma infinidade de coisas, e é sobre este saber, sobre esta capacidade em ato que todo ensino deve se fundar. Instruir pode, portanto, significar duas coisas absolutamente opostas: confirmar uma incapacidade pelo próprio ato que pretende reduzi-la ou, inversamente, forçar uma capacidade que se ignora ou se denega a se reconhecer e a desenvolver todas as consequências desse reconhecimento. O primeiro ato chama-se embrutecimento e o segundo, emancipação. No alvorecer da marcha triunfal do progresso para a instrução do povo, Jacotot fez ouvir esta declaração estarrecedora: esse progresso e essa instrução são a eternização da desigualdade. Os amigos da igualdade não têm que instruir o povo, para aproximá-lo da igualdade, eles têm que emancipar as inteligências, têm que obrigar a quem quer que seja a verificar a igualdade de inteligências.

[...] As duas estão, sobretudo, presas no círculo da sociedade pedagogizada. Elas atribuem à Escola o poder fantasmático de realizar a igualdade social ou, ao menos, de reduzir a "fratura social". Mas este fantasma repousa, ele próprio, sobre uma visão da sociedade em que a desigualdade é assimilada à situação das crianças com retardo. As sociedades do tempo de Jacotot confessavam a desigualdade e a divisão de classes. A instrução era, para elas, um meio de instituir algumas mediações entre o alto e o baixo: um meio de conceder aos pobres a possibilidade de melhorar individualmente sua condição e de dar a todos o sentimento de pertencer, *cada um em seu lugar*, a uma mesma comunidade. Nossas sociedades estão muito longe desta franqueza. Elas se representam como sociedades homogêneas, em que o ritmo vivo e comum da multiplicação das mercadorias e das trocas anulou as velhas divisões de classes e fez com que todos participassem das mesmas fruições e liberdades. Não mais proletários, apenas recém-chegados que ainda não entraram no ritmo da modernidade, ou atrasados que, ao contrário, não souberam se adaptar às acelerações desse ritmo. A sociedade se representa, assim, como uma vasta escola que tem seus selvagens a civilizar e seus alunos em dificuldade a recuperar. Nestas condições, a instrução escolar é cada vez mais encarregada da tarefa fantasmática de superar a distância entre a igualdade de condições proclamada e a desigualdade existente, cada vez mais instada a reduzir as desigualdades tidas como residuais. Mas a tarefa última desse sobreinvestimento pedagógico é, finalmente, legitimar a visão oligárquica de uma sociedade-escola em que o governo não é mais do que a autoridade dos melhores da turma. A estes "melhores da turma" que nos governam é oferecida então, mais uma vez, a antiga alternativa: uns lhe pedem que se adapte, através de uma boa pedagogia comunicativa, às inteligências modestas e aos problemas cotidianos dos menos dotados que somos; outros lhe requerem, ao contrário, administrar, a partir da distância indispensável a qualquer boa progressão da classe, os interesses da comunidade.

Era bem isto que Jacotot tinha em mente: a maneira pela qual a Escola e a sociedade infinitamente se simbolizam uma à outra, reproduzindo assim indefinidamente o pressuposto desigualitário, em sua própria denegação. Não que ele estivesse animado pela perspectiva de uma revolução social. Sua lição pessimista era, ao contrário, que o axioma igualitário não tem efeitos sobre a ordem social. Mesmo que, em última instância, a igualdade fundasse a desigualdade, ela não podia se atualizar senão individualmente, na emancipação intelectual que deveria devolver a cada um a igualdade que a ordem social lhe havia recusado, e lhe recusaria sempre, por sua própria natureza. Mas esse pessimismo também tinha seu mérito: ele marcava a natureza paradoxal da igualdade, ao mesmo tempo princípio último de toda ordem social e governamental, e excluída de seu funcionamento "normal". Colocando a igualdade fora do alcance dos pedagogos do progresso, ele a colocava, também, fora do alcance das mediocridades liberais e dos debates superficiais entre aqueles que a fazem consistir em formas constitucionais e em hábitos da sociedade. A igualdade, ensinava Jacotot, não é nem formal nem real. Ela não consiste nem no ensino uniforme de crianças da república nem na disponibilidade dos produtos de baixo preço nas estantes de supermercados. A igualdade é fundamental e ausente, ela é atual e intempestiva, sempre dependendo da iniciativa de indivíduos e grupos que, contra o curso natural das coisas, assumem o risco de *verificá-la*, de inventar as formas, individuais ou coletivas, de sua verificação. Essa lição, ela também, é mais do que nunca atual.

Jacques Rancière

Maio de 2002

(RANCIÈRE, 2002, p. 11-14)

Capítulo III

O enigma-paradoxo de aprender e ensinar filosofia

Francis Wolff (2000, ver, sobretudo, o capítulo sete: "Être disciple de Socrate", p. 209-251) colocou, de maneira muito elegante, três aspectos do paradoxo de Sócrates desde a perspectiva do discípulo: como é possível "o socrático"? Como é possível que a imensa parte das escolas filosóficas da Antiguidade reconheça raízes comuns em Sócrates? Segundo Wolff, todo discípulo supõe um mestre, uma disciplina e condiscípulos e, nos três elementos, ser discípulo de Sócrates é problemático. Assim, Sócrates deixa para todos seus seguidores uma tripla tensão que se poderia formular da seguinte maneira: como ser discípulo de quem: a) afirma que não é mestre de ninguém; b) não reconhece estar transmitindo nenhum saber; c) não gera escola (não há socráticos trabalhando uns com outros, mas uns contra outros)? (WOLFF, 2000, p. 210-211). Eis o enigma-paradoxo de Sócrates: infinidade de discípulos sem mestre, sem disciplina e sem condiscípulos. Como se pode entender esse escândalo aberto por Sócrates?

F. Wolff muda as coisas de lugar. Não só não se trata de um escândalo, mas esse paradoxo expressa a "função mais geral de todo discípulo" (p. 213) e de modo mais específico a configuração socrática do discípulo. Em que consiste essa solução? Por um lado, quanto mais um mestre se nega a ocupar o lugar de mestre, mais necessidade tem o discípulo de dizer-se discípulo desse mestre. Sócrates é o caso limite em que o discípulo é puro discípulo, sem mestre. Por outro lado, quanto menos o mestre fixa uma doutrina, maior é a necessidade do discípulo de fixar a doutrina do mestre. Sócrates é o caso limite em que toda a doutrina é o discípulo que a fixa. Finalmente, quanto maior é o número dos que se dizem discípulos do mesmo mestre, maior é a necessidade de afirmar-se como discípulo contra outros condiscípulos. Sócrates é o caso limite em que todos os filósofos que o sucedem se dizem condiscípulos do mesmo mestre.

Essa posição socrática leva Wolff a questionar se no caso de Sócrates de fato se trata de relações entre mestre e discípulos. Através de um exame da terminologia usada por seus seguidores e doxógrafos para referir-se a Sócrates, Wolff extrai duas conclusões: a) os termos 'mestre' (*didáskalos*) e 'discípulo' (*mathetés*) para referir-se a Sócrates e seus seguidores só aparecem em uma tradição muito posterior e tardia; antes, se fala de Sócrates como 'amigo' (*phílos*), 'camarada' (etaíros) e de seus seguidores como "os que passam seu tempo com ele" e "os que estão com ele". Essa mudança na terminologia é paralela a uma mudança na concepção de filosofia que, de ser um modo de vida e um certo tipo de vida coletiva ou comunitária, passa a uma série ordenável de doutrinas filosóficas; b) a relação entre Sócrates e seus seguidores tem três características principais: 1) implica a vida em comum (e não apenas posições intelectuais); 2) exige afeto (filial ou amoroso, e não só a neutralidade da transmissão de conhecimentos ou de um saber fazer); 3) baseia-se no diálogo, na palavra simétrica (e não só o ensino unilateral de mestre a discípulo (WOLFF, 2000, p. 221).

Por fim, Wolff (2000, p. 250-1) se interessa em determinar o que significa ser discípulo de Sócrates. Ele se concentra em quatro figuras (Aristipo, Antístenes, Euclides e Platão) e dá uma resposta dupla. Ser discípulo de Sócrates é, em primeiro lugar, participar de um modo de vida em comum e de um método dialético que busca instalar nos dialogantes a harmonia entre o que se pensa, o que se diz e o que se faz. Em segundo lugar, significa fazer o que Sócrates não fez, elaborar uma "filosofia moral", definir o bem, um princípio universalizável capaz de fundar um sistema moral coerente.

Assim, a interpretação de Wolff desenha uma figura de discípulo de Sócrates demasiado centrada em um método e em um âmbito, a filosofia moral. E assim retira força do enigma que Sócrates deixa aberto. Pode ser pouco conveniente centrar essa figura em uma interpretação das doutrinas dos discípulos diretos de Sócrates dos quais, por outro lado, em sua maioria, não conservamos testemunhos diretos suficientes. E ainda que os tivéssemos, estaríamos sempre os submetendo à "nossa" interpretação.

Preferimos, em todo caso, destacar alguns traços mais amplos nos quais se assentam alguns sentidos para aprender com Sócrates: 1) participar de uma vida em comum, mas também de uma vida individual marcada por certo tipo de cuidado, de atenção e de exame de si mesmo e dos outros; isso significa também participar de certo modo de relacionar-se com o que termina a vida, a morte, ou melhor, o morrer; 2) envolver-se com os outros em uma relação discursiva de afeto e desafeto, de busca e abandono, de conquista e desaire; 3) valorizar um jogo dialético que é simétrico, mas também assimétrico, com alguns pontos fixos, como a) o valor que Sócrates atribui a sua relação com o saber; b) o caráter de missão que ele considera ter que levar a cabo ao conversar com todos os outros e c) suas escolhas de vida: não participar da política instituída, não cobrar por ensinar, etc. Essas características não definem um campo discipular, mas abrem um espaço em que praticamente cabem professores de filosofia de todos os tempos, para além dos discípulos diretos de Sócrates.

Contudo, a amplitude do espaço é o reverso de sua indefinição: o enigma é mais radical. A negação de Sócrates a ocupar o lugar de mestre e a diversidade de relações que estabelece com seus diversos interlocutores, "ser discípulo (ou amigo, camarada) de Sócrates" se compreende pela impossibilidade constitutiva de dar um único sentido ao ensinar e ao aprender filosofia. Dessa maneira, antes que uma resposta única sobre o significado de aprender com Sócrates, o enigma-paradoxo se expande em uma série de antinomias sobre o ensinar e o aprender filosofia. Trata-se de um campo paradoxal, controverso, de relação entre quem ensina e quem aprende filosofia.

Vamos apresentar seis das antinomias mais característi-cas desse campo[1]. É evidente que o número de seis é arbitrário e que as ênfases destacadas também o são. Em todo caso, trata-se de um esquema para ajudar a configurar um campo filosófico, e, portanto, aberto, polêmico, inesgotável.

a. A autonomia necessária e impossível

O ensino da filosofia – ou de maneira mais ampla, uma educação filosófica – exige autonomia por todas as partes: autonomia da própria filosofia diante de outros saberes e poderes; autonomia do professor ante os marcos institucio-nais que o regulam; autonomia de quem aprende ante a quem

---

[1] Encontramos inspiração para elas em um texto que Derrida escreveu para um colóquio sobre o ensino de filosofia em Nanterre, França, nos dias 20 e 21 de outubro de 1984, intitulado "Les antinomies de la discipline philosophique", publicado em *Du droit à la philosophie* (1990). Reproduziremos o texto no final deste capítulo.

ensina e os outros aprendizes. As exigências de autonomia são diversas, múltiplas.

Em relação ao fora da própria filosofia, essa antinomia é especialmente importante neste momento educacional. Os discursos de "educação para a cidadania", "formação para a democracia", "capacitação para o mercado de trabalho" se inscrevem nos mais variados registros e níveis. O ensino da filosofia usualmente acompanha esses discursos como uma boa estratégia para alcançar esses fins. A filosofia é percebida como dando um caráter reflexivo ou "crítico" a cada uma dessas formações. Nos países da América Latina, em particular, tornou-se um lugar comum afirmar que a formação filosófica se justifica em função de sua contribuição à educação para a cidadania. Aqui no Brasil, por exemplo, foi o principal argumento para que – a partir de 2008, depois de muitos anos – fosse introduzida em todas as escolas do País a obrigatoriedade da filosofia como disciplina na grade curricular dos três anos do ensino médio. De modo geral, na própria comunidade filosófica, tanto por parte de quem atua no ensino médio, quanto no universitário, é bastante usual encontrar como argumento para apoiar o ensino de filosofia na escola que ela contribui a um jogo de finalidades econômicas, sociais, políticas, em última instância, não estritamente filosóficas.

Em que medida Sócrates pode contribuir para pensar essa situação? A *Apologia de Sócrates* é um testemunho categórico e não deixa lugar a dúvidas: ali, a filosofia tem a própria legalidade, e seu enfrentamento com o estado de coisas é radical. Entre a filosofia e a política instituída só há oposição, e Sócrates rechaça toda e qualquer intromissão que pretenda ditar alguma lei para o pensamento filosófico. No *Górgias* (521d), Sócrates afirma ser o único em Atenas a praticar a verdadeira política, ou seja: praticar a verdadeira política significaria, então, não praticar a política de todos os que se dizem políticos. Assim, como argumenta Rancière, Sócrates contrapõe duas políticas: opõe a política da filosofia à política dos políticos. Entre ambas, não há diálogo nem interseção. Sócrates se configura como um nome para rechaçar qualquer racionalidade política não filosófica que se pretenda impor ao ensino da filosofia. Em contrapartida, Sócrates tampouco renuncia a ditar a lei da política: justamente essa é a sua missão, o sentido de sua atividade filosófica. Rechaça a política dos políticos e pretende impor-lhes outra política, a da filosofia. De modo que seu nome é também uma inspiração para pensar e afirmar, ao ensinar filosofia, outra política que a instituída, para dar lugar a um combate político, sob o nome de filosofia.

Em segundo lugar, a tensão se dá ao institucionalizar a filosofia. Sócrates também foi radical nesse sentido e está muito próximo de posições como as de alguns de seus críticos mais ferozes, entre eles, Nietzsche e J. Rancière. Jacotot o diz com toda clareza: "Não há instituição emancipadora" (RANCIÈRE, 2003, p. 132); Nietzsche, em *Schopenhauer como educador* e em *Sobre o futuro de nossos estabelecimentos de ensino,* desenvolveu uma crítica implacável aos professores de filosofia que se convertem em funcionários do Estado. Nesse sentido, Sócrates inaugura essa tradição. Entre os antigos gregos, os cínicos talvez tenham sido os que levaram até o final, de modo mais consequente, essa linha de resistência à institucionalização da filosofia. Assim, Sócrates é também um nome para pôr sempre em questão a compatibilidade entre filosofia e instituição. Sob sua figura, a própria possibilidade de ensinar filosofia em uma escola – ou em qualquer outra instituição – estará sempre submetida a exame. Ser um professor socrático de filosofia exigiria pôr em questão a própria possibilidade da tarefa empreendida.

Em terceiro lugar, a tensão não só se dá entre a filosofia e o mundo exterior, mas também no próprio interior da filosofia, entre o pensamento do presente e o pensamento dos filósofos do passado, entre o professor de filosofia e os pensamentos filosóficos do presente, no debate das diversas filosofias que pretendem hegemonizar sua concepção para todas as filosofias. Sócrates é, nesse sentido, um nome para fazer da própria ignorância o ponto de apoio mais importante na busca filosófica. Desde essa perspectiva, o fato de Sócrates ensinar que a filosofia consiste em uma relação com o saber, e não num saber, coloca uma questão que tem impacto sobre algumas oposições já clássicas entre professores de filosofia: história da filosofia *versus* problemas filosóficos; habilidades *versus* conteúdos; obras de filósofos *versus* DVDs, jornais, vinhetas em geral, etc. Sócrates se torna muito relevante nesse terreno. Por um lado, ensina que a filosofia não radica em um saber, mas em uma afinidade com o seu contrário, a ignorância. Por outro, a função da ignorância é sempre uma e a mesma: pôr-se a si mesmo em questão, em relação com o modo de vida que se leva e por que se vive dessa maneira. Se a própria vida não está em jogo, pouco importa se se conhece isto ou aquilo, se se aprende determinada habilidade, se se sabe reproduzir um modo interessante de problematização.

Em todo caso, se se trata de viver de determinada maneira, a tensão se manifesta vivamente na relação entre quem ensina e quem aprende. Pode a filosofia em situação educativa não apenas rechaçar as finalidades que desde o exterior pretendem regular os modos de vida, mas, em seu próprio discurso, prescindir de determinar a lei do que pode e não pode ser pensado, do que deve e não deve ser vivido? Em muitos diálogos de Platão (alguns tratados aqui como *Apologia, Mênon, Eutífron, Alcibíades, Laques,*

Lísis e outros como *Górgias, A República I,* e *Cármides),* Sócrates ocupa a posição de juiz do pensamento. O que muda é a forma de sua intervenção e a reação dos interlocutores. Estes se deixam seduzir por ele ou lhe resistem; consagram-no ou simplesmente o aceitam. Interlocutores mais enérgicos, como Trasímaco (*cf. A República* I, 335c; 337a), Cálicles (*Górgias,* 489d) e Protágoras (*Protágoras,* 167d-e), indignam-se e pedem a Sócrates que não pergunte de má fé. Em todo caso, Sócrates ali pretende sancionar o que é possível ou não pensar; é quem determina as finalidades legítimas e ilegítimas para o pensar e o viver de seus interlocutores. Quando se conversa com Sócrates, não há espaço para pensar fora das leis que ele dita para o pensamento e para levar outra vida, diferente da que Sócrates considera merecer ser vivida.

Enfim, com Sócrates a autonomia vive um paradoxo com a filosofia. Por um lado, Sócrates não aceita outra legalidade que a filosófica para a própria vida. E, no entanto, ela lhe é dada por uma instância não filosófica, oracular. Por outro lado, Sócrates não aceita as condições dos políticos, poetas e artesãos e, no entanto, impõe aos seus interlocutores as suas condições: não só filosóficas, como também políticas, estéticas, epistemológicas. De modo que a filosofia exige para si uma autonomia que ela não está disposta a outorgar aos outros saberes e que, ao mesmo tempo, ela mesma ameaça ao constituir sua origem no lugar da verdade consagrado pela tradição.

Sócrates é uma máquina de pensar em tantas direções que deu lugar às leituras mais contrastantes. Quando antecipa o campo do pensável para seus interlocutores, mostra os perigos políticos do ensino filosófico e serve às pretensões mais totalizantes de "ensinar a pensar (ou a viver)". Quando não o faz, deixa ver sua potência transformadora, a aurora de uma nova política para o ensinar e o aprender. Pode um professor de filosofia afirmar a autonomia para além de Sócrates? Por exemplo, é possível ensinar filosofia sem antecipar o campo do pensável para o aluno? Por que seria desejável, interessante ou necessário fazê-lo? Se fosse, que diferença surge em termos do espaço de pensamento que se abre para quem aprende filosofia? Como e por quem será coberta essa ausência? Como saber, nos diferentes modos em que se preenche essa ausência, se ainda se está dentro da filosofia?

b. Transmitir o intransmissível

Habitamos uma tradição pedagógica fundada na lógica da transmissão. Todavia, não está claro o que se transmite no ensino de filosofia. É evidente que não se pode reduzir a filosofia à transmissão de conteúdos filosóficos. Contudo, a ausência de qualquer forma de transmissão é também problemática. Sócrates parece sugerir que, em filosofia, nada há para transmitir a não ser um gesto que, em si mesmo, não pode ser transmitido. Sócrates sai a viver a sua vida, a exercitar seu gesto filosófico e nesse gesto começa e termina o pôr-se em cena pedagógico da filosofia ou, melhor, de uma educação filosófica. É "só" um gesto, uma relação com o conhecimento, e não um corpo de conhecimentos – ainda que seja em sentido contrário – o que inaugura e dá sentido à prática de um professor.

De modo que não há, para Sócrates, nada a transmitir e, ao mesmo tempo, muito a transmitir. Mas tudo o que se transmite está sujeito a um gesto primeiro que é, em si mesmo, intransmissível. Como sugere Derrida (1990, p. 518), a experiência da filosofia não se transmite, não se ensina. Quem ensina afirma um gesto. Pode ser que quem aprende o perceba, aceite o convite e, eventualmente, o recria. Assim, diria Sócrates, ensinar e aprender filosofia estão relacionados, basicamente, a uma sensibilidade, para compartilhar um espaço no pensamento, para dar lugar no pensamento a um movimento que interrompe o que se pensava, e começar a pensá-lo novamente, de novo, desde outro início, a partir de um lugar distinto; para voltar o olhar para o que não se olha, para valorizar o que não se valoriza e deixar de valorizar o que é tido como mais importante. O professor propõe esse lugar. Seduz o aluno a acompanhá-lo, inaugura uma nova relação. Assim, a filosofia, sua prática, o exercício de pensamento que propõe, é também uma atividade *pathética*, filial, erótica. Sócrates seduz seus jovens interlocutores a entrar no mundo do pensamento tal e como ele o habita. Trata-se de lugar para aprender, e para pensar.

De modo que Sócrates permite pensar uma relação pedagógica desde outra lógica que a da transmissão. O professor propõe um espaço no pensamento; dispõe-se a explorá-lo com outros; abre seu pensamento a um trabalho sobre si com a ajuda de outros; é certo que Sócrates não parece ele mesmo fazer sempre o que enuncia que faz, mas ajuda a pensar o valor da transmissão em filosofia. Repetimos, a questão não é transmitir ou não transmitir; claro que pode haver muito a transmitir. A questão principal é que serviço cumpre a transmissão, a que ou a quem alimenta, que força dispara, que potências favorece ou inibe. Cremos que Sócrates oferece ao menos duas possibilidades: uma que ele mesmo exemplifica no *Mênon*, quando tenta mostrar que nada ensina: aquele que determina antecipadamente o lugar de chegada do outro, que sabe o que o outro deve saber e como alcançá-lo, que pensa antecipadamente o que o outro deve pensar; ali Sócrates mostra tudo o que ensina: não só um saber, mas, sobretudo, uma única maneira de buscá-lo e justificá-lo. E uma relação com quem aprende. Na outra possibilidade, enunciada no mesmo *Mênon*, quem ensina não tem pontos fixos, problematiza o pensar do outro porque antes o faz com o próprio pensar; põe-se a si mesmo em questão no ato de ensinar. Entre esses extremos se joga a cor política que um ensinante dá ao pensamento: a sensibilidade para pensar de outra maneira ou a pretensão de ver espelhado, em quem aprende, o próprio pensar.

c. Saber ou ignorar?

Consideremos a especial relação da filosofia com o conhecimento. A filosofia se constitui como um conhecimento particular perante outros conhecimentos como o artístico, o científico, o religioso. No entanto, desde Sócrates, a filosofia afirma, com não menos força e como forma específica de saber, uma relação íntima com o contrário do saber, a ignorância: o único que ela sabe é que seu saber não vale tanto; que ela, em verdade, ignora o que os outros saberes dizem saber.

Em princípio, a ignorância é um vazio, uma falta, um defeito, e a sabedoria, seu contrário. Sócrates muda as coisas de lugar e sustenta que esse gesto o torna um filósofo. As coisas não são o que parecem. E há que sair a mostrar isso aos outros. Há que mudar sua relação com a ignorância. Sócrates é o primeiro educador que não ensina para que os outros saibam o que não sabem, senão para que transformem sua relação com o saber. Ali está enunciada outra educação. Certamente, não sempre o faz e também quer que os outros saibam muitas coisas que ele crê saber e pensa que eles não sabem, em primeiro lugar, que não sabem o que creem saber e que quem não assume saber, isto é, ele mesmo, é o mais sábio de todos.

Em todo caso, ao menos em seu enunciado, a filosofia sabe e valoriza o que os outros saberes não sabem e ao que escapam: a ignorância que a filosofia reivindica resgata e dá um estatuto positivo. Mas não é menos notório que só pode fazê-lo desde uma posição de saber. A ignorância precisa do saber; a ignorância sabe, e a sabedoria ignora, mas como a filosofia sabe o valor da ignorância se ela tudo ignora?

Sócrates, pelo menos segundo a anedota que Platão conta (ou inventa?), legitima sua posição na instância de saber superior entre os atenienses, Apolo. A filosofia, dessacralizadora de todos os saberes, sacraliza seu próprio ponto de partida; ignorante de todo saber, sabe seu início: a ignorância humana e a busca de saber se fundam na sabedoria divina. Esse parece ser um ponto fixo que Sócrates não chega a pôr em discussão. Sócrates desenvolve sua investigação para, amparado no oráculo, legitimar e dar um valor inquestionável à sua posição de confutador.

À sua maneira, J. Rancière reproduz o gesto socrático: funda com Jacotot esse início no axioma da igualdade. Encarrega-se de aclarar que não se trata de uma verdade a ser demonstrada, mas de uma opinião a ser verificada. De modo tal que o percurso desse mestre ignorante está fundado em uma opinião a ser verificada. O mestre ignorante ignora tudo menos a igualdade de onde parte e não ignora que não pode ignorar esse ponto de partida. É certo que não se trata explicitamente de um professor de filosofia, mas o exemplo vale porque funda uma política emancipadora para a relação entre quem ensina e quem aprende.

Em todo caso, Sócrates e Jacotot parecem necessitar encontrar seu início tanto na ignorância quanto em um saber que não pode ser ignorado, uma caixa preta imune ao trabalho do pensamento: o axioma da igualdade (Jacotot) ou o saber oracular de ser o mais sábio (Sócrates).

Esse recorrente apelo dos filósofos à ignorância que implicações tem com respeito ao seu ensino? É necessário afirmar essa potência, como princípio, da ignorância? Seria possível – conveniente, significativo – reforçar esse apelo e pensar uma ignorância radical que nem sequer se saiba a si mesma? Se assim fosse, que implicações esse princípio teria sobre o campo do pensável entre quem ensina e quem aprende filosofia? Pode a filosofia permitir-se a exceção de um princípio inquestionável? Em nome de quem, de que forças? Se não fosse assim, que outro axioma ou princípio – à parte o da igualdade das inteligências (Rancière-Jacotot) que desconhece a instituição pedagógica ou a superioridade da ignorância que se sabe superior a todos os outros saberes (Sócrates) – interessa pensar para o ensino de filosofia? Que coisas não pode ignorar um professor de filosofia? Que necessita ignorar? Pode a filosofia permitir-se a certeza de um saber, ainda que seja o saber da ignorância? Qual é o estatuto filosófico desses pontos fixos? Em que medida e com que sentido o pensar pode dirigir-se a eles?

d. O método e sua ausência

Por um lado, é necessário seguir certo caminho quando se ensina filosofia. Assim, fala-se do *élenchos* como o método socrático. Essa e qualquer outra escolha metodológica supõem compromissos filosóficos. Com efeito, a aula magistral, o *Telêmaco* de Jacotot, a coisa em comum, as perguntas, a disposição em círculo de alunos e professor, a utilização de recursos não tradicionais como DVDs, histórias em quadrinho, internet, as formas de avaliação, os diversos recursos metodológicos adotados implicam certa concepção da filosofia e de como ensiná-la. No entanto, não existe "o" método filosófico. Em todo caso, há pluralidade de métodos filosóficos e é impossível fixar a filosofia a qualquer método. Mais ainda, talvez não seja exagerado afirmar que, muito mais que por uma opção metodológica, a filosofia se caracteriza por uma determinada relação com este ou aquele método. Em outras palavras, não há métodos de ensino filosóficos ou não filosóficos *stricto sensu*, mas relações filosóficas ou antifilosóficas com os diversos métodos de ensino. É evidente que há mais oportunidades de a filosofia surgir de uma leitura problematizadora de um diálogo de Platão do que ao assistir a programa de culinária na TV, mas não há método que garanta a filosofia assim como não há método que a impeça taxantemente. Ler um clássico pode ser mais antifilosófico do que ler *Mein Kampf*; o círculo pode ser um instrumento de controle e disciplina mais velado, sutil e eficaz do que a disposição tradicional. Fazer um bom número de perguntas em todas as aulas poderia ser uma boa desculpa para não problematizar-se a si mesmo em sentido estrito. Os exemplos poderiam multiplicar-se.

As questões metodológicas costumam ser as mais urgentes e angustiantes para um professor de filosofia. Sem negar sua relevância, importa notar as concepções de filosofia que essas demandas supõem e também os sentidos que se costuma outorgar-lhe. Nessa dimensão, Sócrates ajuda a pensar: o que parece estar sempre presente em suas conversas não é uma maneira sistemática ou fixa de relacionar-se com seus interlocutores, mas um sentido para esses encontros. Vimos como Nícias o diz tão claramente na *Laques*: ao conversarem com Sócrates, seus interlocutores fatalmente se verão enfrentados a pensar e a ocupar-se de si mesmos. Pode-se mudar o lugar, pode adequar-se a estratégia, podem transformar-se as perguntas, mas interessa que o caminho disposto permita a cada um encontrar-se consigo mesmo no pensamento e pôr em questão o espaço que ali se habita para, finalmente, problematizar o modo como se vive.

Em geral, abundam as tentativas de atribuir a Sócrates a fundação de um método. Assim, costuma-se ler que ele teria sido o fundador da maiêutica, da dialética ou da busca da definição. Muitos filósofos, mesmo o próprio Platão, veem em Sócrates a fundação do próprio método. Em todo caso, Sócrates mostra algo mais: em seu ensino, a filosofia radica antes em uma posição aberta em relação a um método, do que na fixação deste ou daquele método; quando ela se fixa em um método (como no *Eutífron* ou no *Mênon),* perde capacidade de desdobrar seus sentidos; o método é o de quem aprende, o que permite percorrer com potência os caminhos do pensamento, e o preceito principal de quem ensina é estar atento a propiciar e a acompanhar esse caminho que pode não ser o mesmo que o seu.

e. Dentro e fora dos muros

Nas últimas duas décadas, multiplicaram-se as iniciativas para tirar a filosofia de seus muros: café filosófico, filosofia com crianças, filosofia clínica, universidades populares de filosofia, filosofia nas prisões, cine e filosofia, *philodrama...* esses são alguns desses novos nomes e interlocutores da filosofia.

A academia filosófica com frequência questiona, impugna ou simplesmente ignora essas iniciativas com o argumento de que atentam contra a unidade, a pureza ou a especificidade da disciplina. Por sua vez, os que propiciam esses movimentos relativizam o valor dessa unidade e, ao contrário, valorizam a abertura do discurso filosófico.

Pode essa abertura da filosofia ser realizada mantendo certa especificidade capaz de permitir que essa diversidade de práticas seja ainda chamada filosofia? Sócrates mostra não só que essa abertura é possível, mas também necessária; ambas as condições são consubstanciais à própria prática da filosofia. Por um lado, Sócrates não rechaça nenhum interlocutor, nenhum espaço, nenhum convite; a filosofia está apegada às questões da vida. Por outro, é sempre uma e a mesma atividade: examinar, perguntar, confutar... O que Sócrates parece sugerir nesse ponto é que o filosofar e a filosofia vão juntos... são dois aspectos de uma e mesma atividade.

Sócrates mostra também que o próprio da filosofia não tem a ver com fixar o pensamento. Foi tão longe nesse ponto que resistiu à instituição, à escritura e à própria fixação de uma utopia no pensamento. Alguns discípulos fizeram-lhe caso, outros não. Platão foi o mais "desobediente" e talvez por isso ele tenha deixado uma marca maior para a filosofia: a academia, os diálogos, as aventuras políticas na Sicília. Em todo caso, Sócrates escapa a todas essas pretensões: os *diálogos* não são suas conversas; os espaços que habita não são lugares: no *ágora*, no ginásio, na rua, é sempre atópico; sua vida é exageradamente humana para ser tão heroica, demasiado filosófica para ser tão concreta (como quis Xenofonte); ou severa em excesso por ser tão cômica (como quis Aristófanes).

Ninguém esteve filosoficamente tão próximo de Sócrates como Platão. Como negá-lo? Mas também, como não notar que ninguém esteve filosoficamente mais longe pela própria força filosófica dessa pretensão e a traição imperdoável que essa força não podia deixar de cometer? A tensão supera os nomes próprios; é, ao fim, a luta entre a unidade e a multiplicidade. A unidade que Platão quis dar a um Sócrates múltiplo. E também a multiplicidade de Sócrates que habita esse nome nos diálogos de Platão.

De qualquer modo, Sócrates ilustra um gesto extremo, hoje quase impossível de repetir, uma exigência do pensamento em manter certa unidade e, ao mesmo tempo, em recriar-se no seu contato com as diversas formas de vida. Sócrates concentra, em uma vida, a tensão de uma disciplina que é a própria indisciplina do pensamento.

f. Transformar e descolonizar

Se, desde os setores mais conservadores, o ensino de filosofia esteve ligado, na América Latina, à sacralização e à reprodução dos valores que sustentam o estado de coisas, desde os setores chamados de esquerda, esse ensino foi vinculado à transformação de uma ordem social por demais injusta e excludente. Assim, a filosofia escolarizada formaria os seres críticos que se voltariam contra a ordem que administra o próprio sistema escolar para subvertê-lo, transformá-lo. A leitura de Sócrates ajuda a ressituar e a reconfigurar a relação entre filosofia e transformação.

Sócrates sugere que a filosofia tem um compromisso com a transformação do pensamento. É certo que às vezes fracassa (como no *Eutífron*), não só porque o outro continua pensando da mesma maneira, mas também porque ele mesmo continua situado no mesmo lugar no pensamento. Mas, quando funciona plenamente, abre um espaço de transformação para uns e outros, em relação com o pensamento que se tem e a vida que se leva.

Dessa maneira, sugere que ensinar e aprender filosofia são uma oportunidade para transformar o que pensamos e com isso o modo em que vivemos e somos. Não define a forma específica da transformação para além de um sentido que afirma para ela. Simplesmente, abre a oportunidade de poder pensar e viver de outra maneira. Do mesmo modo, a filosofia não transforma uma ordem social para instituir outra, mas transforma o que somos e o modo como nos pensamos em uma ordem social dada para abrir a possibilidade de pensar e viver uma nova ordem. Isso a faz revolucionária, ainda que não esteja a serviço de nenhuma revolução social específica.

Em uma intervenção em um colóquio africano em dezembro de 1978 acerca da relação da África com a filosofia ocidental, Derrida (1990, p. 155-179) sugere que não é interessante apenas repetir e reproduzir a história da filosofia ocidental; no entanto, afirma que tampouco parece interessante simplesmente ignorar, opor-se ou subverter essa tradição. Ao contrário, o desafio principal é uma obra infinita de descolonização do próprio pensamento para não recriar a lógica colonizadora que habita aquele pensamento e a realidade na qual se inscreve. Derrida afirma que não existe *a* descolonização, mas movimentos parciais, heterogêneos, diferentes de um lugar para outro.

O desafio lançado por Derrida se atualiza paradigmaticamente com Sócrates, o primeiro professor de filosofia. Não parece interessante negar a tradição que Sócrates inaugura; mas tampouco simplesmente ignorá-la ou subvertê-la. Sob o nome "Sócrates", escondem-se muitos Sócrates, e há demasiadas forças ali presentes a favor e contra a transformação de si no pensamento para não lhe dar atenção. É inegável que Sócrates afirma relações de poder desiguais, hierárquicas; mas não é menos certo que abre a possibilidade de pensar o que, sem esse contato, muito provavelmente não seria possível pensar, pelo menos com igual intensidade. Sócrates é um enigma e um paradoxo pelas forças contraditórias que sua figura parece portar sem demasiado incômodo. É um enigma potente na medida em que sua intervenção ajuda a ampliar o campo do pensável. Isso é pertinente para seus interlocutores antigos, mas também para seus leitores contemporâneos.

Dada a enorme influência de Sócrates, não só na história da filosofia, mas na história das ideias pedagógicas, seu enigma-paradoxo nos coloca um enorme desafio. Na forma de uma pergunta, que quererá dizer descolonizar nossa relação com Sócrates como exemplo, modelo, paradigma de professor de filosofia? Nesse texto, tentamos dar algumas pistas do que pode significar transitar essa direção. Enfim, trata-se de usar Sócrates como um símbolo – potente e inspirador – para pensar, mais amplamente, o que significa atualmente ensinar filosofia de uma forma descolonizadora. Ou, dito em outras palavras: pode hoje o ensino de filosofia contribuir para descolonizar o pensamento? De que maneira? Em que medida Sócrates nos ajuda a pensar essas perguntas?

Sócrates ajuda a pensar que a filosofia pode ser o trabalho mais libertador, mas também o mais dominador do pensamento. Basta atentar a alguns dos infinitos Sócrates que habitam esse nome. Neste trabalho, tentamos mostrar linhas de análise em ambas as direções. O desafio se dá em cada pensamento, em cada leitura, em cada escritura, em cada vez que se entra em uma sala de aula: a serviço de que forças propomos o jogo da filosofia? A tarefa de descolonizar o próprio pensamento é infinita. E se a postula não só para ensinar filosofia, mas também para uma educação filosófica. A vitalidade de Sócrates também se percebe pela força que dá para manter vivas algumas perguntas.

Retorna-se, sempre, sobre o próprio pensamento. Assim ocorre também ao ler Sócrates: antes de interpretar o que verdadeiramente disse, pensou ou fez, é um desafio maior enfrentar-se com seu enigma-paradoxo como com uma oportunidade para iniciar esse trabalho descolonizador do próprio pensamento, que nunca termina. Talvez este trabalho inspire outros movimentos descolonizadores. Assim, filosofia e educação terão se reencontrado, sem decifrar o enigma, mas alimentando-o, pensando-o, colocando-o a serviço de outros pensamentos. Pensar e praticar uma educação filosófica descolonizadora, – enigmática e paradoxal –, sensível às tensões que habitam a relação entre quem ocupa o lugar de ensinar e quem habita o espaço de aprender é não só um indispensável programa de investigação filosófica, mas, mais ainda, uma das tarefas mais infinitas de um professor de filosofia, se é que existem os "mais" e os "menos" habitando esse espaço infinito aberto, faz já muito tempo, por um tal Sócrates.

Leitura

J. Derrida se ocupou intensamente do ensino da filosofia, sobretudo entre os anos 1970 e 1980. Seus textos nesse terreno estão reunidos em um extenso volume *Du droit à la philosophie* (1990), que inclui trabalhos teóricos, documentos do *Groupe de Recherches sur l'Enseignement Philosophique* (GREPH) e uma série de intervenções em eventos da área. Um desses textos tem a forma de uma carta que Derrida enviou aos participantes do Colloque *Rencontres École et Philosophie,* que teve lugar na Universidade de Paris X, Nanterre, nos dias 20 e 21 de outubro de 1984.[2] Nela, ele coloca sete exigências contraditórias quanto à instituição da filosofia. Vamos aqui apresentá-las.

As antinomias da disciplina filosófica

Como definir os polos dessa contradição sem dialética? Quais seriam as duas demandas essenciais, mas contraditórias, às quais não quereríamos renunciar? Se a dupla lei de uma antinomia reproduz, diretamente ou não, todos os tipos de argumento, acusatórios e defensivos, qual é a sua axiomática?

Essa carta já é demasiado longa, contentar-me-ei com o esquema mais pobre. E distinguirei, para facilitar a exposição, sete exigências contraditórias.

---

[2] Este texto, intitulado "Les antinomies de la discipline philosophique", foi primeiramente publicado como prefácio ao livro de Jacques Derrida *et al. La grève des philosophes* (1986) e depois reproduzido no livro de J. Derrida *Du droit à la philosophie* (1990).

Primeira exigência

Por um lado, é necessário protestar perante a submissão do filosófico (em suas questões, programas, disciplina, etc.) a toda finalidade exterior: ou útil, ou rentável, ou produtiva, o eficaz, o performático, mas também o que, em geral, restabelece o técnico-científico, o técnico-econômico, a finalização da investigação e inclusive a educação ética, cívica ou política. Mas, por outro lado, não devemos, a nenhum preço, renunciar à missão crítica, por tanto avaliadora e hierarquizante da filosofia; à filosofia como instância final do juízo, constituição ou intuição do sentido final, razão última, pensamento dos fins últimos. É sempre em nome de um "princípio de finalidade", como diria Kant, que entendemos salvar a filosofia e sua disciplina de toda finalização técnico-econômica ou sociopolítica. Essa antinomia é bem filosófica em todos os sentidos, porque a "finalização" chama sempre uma filosofia, ao menos implícita. Uma vez mais: não há jamais "barbárie não filosófica". Como conciliar esses dois regimes de finalidade?

Segunda exigência

Por um lado, é necessário protestar contra a clausura da filosofia. Legitimamente, rechaçamos atribuir-lhe uma residência, a circunscrição que confinaria a filosofia em uma aula ou em um curso, um tipo de objeto ou de lógica, um conteúdo ou uma forma fixa. Levantamo-nos contra o que proibiria a filosofia e insistimos para que, fora da sala de aula, em outras disciplinas e em outros departamentos, ela se abra a novos objetos sem nenhum limite por princípio, e recordar que ela já estava presente ali onde não queríamos sabê-lo, etc.

Mas, por outro lado, de um modo igualmente legítimo, deveríamos reivindicar a unidade própria e específica da disciplina. Deveríamos ser muito vigilantes sobre esse tema, denunciar, como o GREPH[3] não deixou de fazê-lo, tudo o que venha ameaçar essa integridade, destruir, fragmentar ou dispersar a identidade do filosófico enquanto tal. Como conciliar essa identidade localizável com esta ubiquidade transbordante?

Terceira exigência

Por um lado, sentimos-nos com direito de exigir que a investigação ou o questionamento filosóficos não estejam jamais dissociados de seu ensino. Não é esse o tema de nosso colóquio diante do retorno da mesma ameaça?

Mas, por outro, sentimos-nos também autorizados a recordar que, talvez no essencial, algo da filosofia não se limita, não está sempre limitada aos atos de ensino, aos acontecimentos escolares, a suas estruturas institucionais, mesmo à própria disciplina filosófica. Essa pode ser sempre extrapolada, às vezes provocada pelo inensinável. Talvez ela deva dobrar-se a ensinar o inensinável, a produzir-se renunciando a si mesma, excedendo a própria identidade.

Como, no próprio agora da disciplina, manter o limite e seu excesso? Que deve ela mesma ensinar? O que ela não ensina?

Quarta exigência

Por um lado, julgamos normal exigir instituições à medida dessa disciplina impossível e necessária, inútil e indispensável. Julgamos normal exigir novas instituições. Aos nossos olhos é essencial.

Contudo, por outro lado, postulamos que a norma filosófica não se reduza às suas aparências institucionais.

---

[3] Grupo de investigação sobre o ensino da filosofia. (N.T.).

A filosofia excede das instituições, ela deve inclusive analisar a história e os efeitos das próprias instituições. Finalmente, ela deve permanecer livre a todo o momento, só obedecer à verdade, à força da pergunta ou do pensamento. A ela lhe é lícito quebrar todo compromisso institucional. O extrainstitucional deve ter suas instituições sem pertencer a elas.

Como conciliar o respeito e a transgressão do limite institucional?

Quinta exigência

Por um lado, requeremos em nome da filosofia a presença de um mestre. É necessário um mestre para essa disciplina do indisciplinável, para esse ensino do inensinável, para esse saber que é também não saber e mais que saber, para essa instituição do anti-institucional. Os conceitos dessa maestria ou dessa magistralidade podem variar. Suas figuras podem ser também diversas como as do Muito Alto ou o Outro Total inacessível, de Sócrates, do Preceptor, do professor funcionário, professor da Universidade ou do ensino médio (o primeiro e último de todos), de tudo isso e um pouco mais ao mesmo tempo: em todo caso é necessário um mestre e a alteridade magistral. Consequência: é necessário formar nela, se necessitam estudantes, postos, jamais teremos suficientes e isso se regula desde o exterior da comunidade filosófica.

Mas, por outro lado, se o mestre deve ser outro, formado e depois pago por outros, essa assimetria não deve prejudicar a autonomia necessária, inclusive a estrutura essencialmente democrática da comunidade filosófica.

Como ela pode admitir em si mesma essa heterogeneidade e essa autonomia?

Sexta exigência

Por um lado, a disciplina filosófica, a transmissão do saber, a extrema riqueza dos conteúdos requerem normalmente tempo, certa duração rítmica, até o maior tempo possível: mais que um relâmpago, um mês, um ano, mais que o tempo de uma aula, sempre mais tempo. Nada pode justificar esse extraordinário artifício que consistiria em fixar em nove meses uma tal duração (reenvio para isso a todas as análises do GREPH).

Mas, por outro, a unidade e até mesmo a arquitetura da disciplina requerem certa reunião organizada dessa duração. É necessário evitar a apresentação desordenada, a dissolução e dar lugar à experiência "de chofre", "repentina" (reenvio ao que foi dito mais acima e também às análises do GREPH).

Como conciliar essa duração e essa contração quase instantânea, essa ilimitação e esse limite?

Sétima exigência

De um lado, os alunos, os estudantes, como os ensinantes, devem pôr-se de acordo em ver essa possibilidade, em outras palavras, as condições da filosofia. Como em qualquer outra disciplina, e isso pode ir das condições chamadas, rapidamente, de externas (o tempo, os lugares, os postos, etc.) como à condição "interna" e essencial, o acesso ao filosófico enquanto tal. Um mestre deve nela iniciar, introduzir, formar, etc, o discípulo. O mestre, que deve ter sido antes ele mesmo formado, introduzido, permanece outro para o discípulo. Guardião, garante, intercessor, predecessor, mais velho, deve reapresentar a palavra, o pensamento ou o saber do outro: **heterodidática**.

Mas, de outro, a nenhum preço queremos reduzir à tradição autonomista e *autodidata* da filosofia. O mestre é apenas um mediador que deve apagar-se. O intercessor deve neutralizar-se diante da liberdade do filosofar. Liberdade essa que **se forma** ao reconhecer sua relação com a necessidade do mestre, com a necessidade do ato magistral de **ter lugar**.

Como conciliar o ter lugar e o não lugar do mestre? Que topologia exigimos para conciliar a heterodidática e a autodidática?

Referências

BRICKHOUSE, T. C.; SMITH, N. D. *Socrates on Trial*. Princeton: Princeton University Press, 1989.

BURNET, J. *Plato's Euthyphro, Apology of Socrates and Crito*. 2. ed. Oxford: Oxford University Press, 1954.

DÁVILA, J. Ética de la palavra y juego de la verdad. In: GROS, Frédéric; LÉVY, Carlos (Orgs.). *Foucault y la filosofía antigua*. Buenos Aires: Nueva Visión, 2004, p. 143-174.

DERRIDA, J. *La carte postale*. Paris: Flammarion, 1980.

DERRIDA, J. La crise de l´enseignement de la philosophie. In: *Le droit à la philosophie*. Paris: Galilée, 1990, p. 155-179.

DERRIDA, J. *Le droit a la philosophie*. Paris: Galilée, 1990.

DERRIDA, J. *et al. La grève des philosophes. École et philosophie*. Paris: Osiris, 1986.

EGGERS LAN, C. Estudio preliminar. In: PLATÓN. *Apología de Sócrates*. Buenos Aires: Eudeba, 1984.

FOUCAULT, M. *L'Herméneutique du Sujet*. Paris: Gallimard, 2001.

FOUCAULT, M. *Aula de 15, 22 e 29 de fevereiro*. Paris: *Collège de France*, 1984. (Mimeo.)

GIANNANTONI, G. Les perspectives de la recherche sur Socrate. In: Dherbery, G. Romeyer; Gourinat, J.-B. (Eds.). *Socrate et les socratiques*. Paris: Vrin, 2000.

GREPH. *Qui a peur de la philosophie?* Paris: Flammarion, 1977.

GRIMAL, P. *Diccionario de mitologia grega y romana*. Buenos Aires: Paidós, 1989/1965.

HADOT, P. *O que é a filosofia antiga?* São Paulo: Loyola, 1999/1995.

HEGEL, G. W. F. *Lecciones sobre la historia de la filosofia*. v. II, Cap. "Sócrates". Trad. Cast. México: Fondo de Cultura Económica, 1985.

JULIÁ, V. Plato *ludens*. La muerte de Sócrates en clave dramática. *Adef*. Revista de Filosofía, Buenos Aires, v. XV, n. 2, nov. 2000, p. 11-22.

KAHN, C. *Plato and the Socratic Dialogue: The Philosophical Use of Literary Form*. Cambridge: Cambridge University Press, 1996.

KIERKEGAARD, S. *Sobre el concepto de ironía en constante referencia a Sócrates*. Trad. Cast. Darío González y Begonya Saez Tajaforce. Madrid: Trotta, 2000. Colección: Escritos de Søren Kierkegaard. Vol. 1.

KOFMAN, S. Philosophie terminée. Philosophie interminable. In: GREPH, 1977, p. 15-37.

KOFMAN, S. *Socrate(s)*. Paris: Galilée, 1989.

LIDDEL, H. G.; SCOTT, R. *A Greek English Lexicom*. Revised and augmented by H. S. Jones. 9. ed. Oxford: Oxford University Press, 1966.

MEDRANO, G. L. *Guía para no entender a Sócrates. Reconstrucción de la atopia socrática*. Madrid: Trotta, 2004.

MEDRANO, G. L. *El proceso de Sócrates*. Madrid: Trotta, 1998.

NEHAMAS, A. *El arte de vivir. Reflexiones socráticas de Platón a Foucault*. Valencia: Pre-textos, 2005.

OSTENFELD, E. Socratic Argumentation strategies and Aristotle's Topics and Sophistical Refutations. *Méthexis*. IX, 1996, p. 43-57.

PARDO, J. L. *La regla del juego. Sobre la dificultad de aprender filosofía*. Barcelona: Galáxia Gutenberg/Círculo de Leitores, 2004.

PLATÃO. *Platonis Opera*. Vols. I-VII. Ed. Ioannes Burnet. Oxford: Oxford University Press, 1982. Tradução para o português de B. Nunes. Belém: Universidade Federal do Pará.

RANCIÈRE, J. *O mestre ignorante*. Belo Horizonte: Autêntica, 2002.

ROMEYER D. G.; GOURINAT, J. B. (Orgs.) *Socrate et les Socratiques*. Paris: Vrin, 2001.

TOVAR, A. *Vida de Sócrates*. Madrid: Revista de Occidente, 1953. 2. ed.

VILHENA, V. M. M. *Le Problème de Socrate, le Socrate historique et le Socrate de Platon*. Paris: PUF, 1952.

VLASTOS, G. *Ironist and Moral Philosopher*. Ithaca/New York: Cornell University Press, 1991.

WAERDT, P. A. W. (Ed.). *The Socratic Movement*. Ithaca, NY: Cornell, 1994.

WOLFF, F. *L' être, l´homme, le disciple*. Paris: PUF, 2000.

ESTE LIVRO FOI COMPOSTO COM TIPOGRAFIA MINION
E IMPRESSO EM PAPEL OFF SET 75 G. NA FORMATO ARTES GRÁFICAS